非凡的重载铁路

刘国跃　丁茂廷　张格明　等 编著

中国铁道出版社有限公司
CHINA RAILWAY PUBLISHING HOUSE CO., LTD.
2021 年 · 北　京

内 容 提 要

高速铁路作为我国亮丽的国家名片，已为大家所熟知。但大多数人不知道重载铁路是什么，也不了解重载铁路运输，更不了解目前最前沿的重载铁路技术和未来发展趋势。

本书通过讲述重载铁路发展历史、未来趋势以及相关技术的奥妙，引导读者认识重载铁路，关注重载铁路。本书包括六个部分：一是“追本溯源”，讲述重载铁路的历史和定义；二是“各有千秋”，讲述国内外重载铁路的发展历程；三是“多拉快跑”，介绍重载铁路的基础设施和重要设备，为读者系统地科普重载铁路知识；四是“陆地奇迹”，讲述重载铁路如何装卸货物并有条不紊的运行；五是“百般呵护”，讲述确保重载铁路安全运行的检测维修设备；六是“砥砺前行”，讲述重载铁路未来发展方向，激发读者的想象和对未来重载铁路的期待与关注。

图书在版编目（CIP）数据

非凡的重载铁路 / 刘国跃等编著 .—北京 : 中国铁道出版社有限公司，2021.6

ISBN 978-7-113-27747-5

Ⅰ.①非… Ⅱ.①刘… Ⅲ.①重载铁路－铁路工程－介绍－中国 Ⅳ.① U239.4

中国版本图书馆 CIP 数据核字（2021）第 029556 号

书　　名：非凡的重载铁路
作　　者：刘国跃　丁茂廷　张格明　等

策　　划：金　锋
责任编辑：金　锋　　**电话：**（010）51873125　　**电子信箱：**jinfeng88428@163.com
封面设计：刘　莎
责任校对：孙　玫
责任印制：樊启鹏

出版发行：中国铁道出版社有限公司（100054，北京市西城区右安门西街 8 号）
网　　址：http://www.tdpress.com
印　　刷：北京柏力行彩印有限公司
版　　次：2021 年 6 月第 1 版　2021 年 6 月第 1 次印刷
开　　本：710 mm × 1 000 mm 1/16　印张：10.5　字数：160 千
书　　号：ISBN 978-7-113-27747-5
定　　价：118.00 元

《非凡的重载铁路》编写组

主　　编：丁茂廷

副 主 编：张格明　李长生　孟宪洪　张朝阳

成　　员：张二田　尹成斐　张　斌　齐向春　贾光智　孔广亚　胡道成　陶志刚　王镠莹　刘渤海　卓　卉　张　琦　王俊永　李泽中　陈钰鑫　宋晋韬　韩保花　李凤玲

组织单位：国家能源投资集团有限责任公司

前言

重载铁路应时之需，应运而生

火车是现代社会重要的运输工具，而铁路的发展是火车运输的基础。世界公认的第一条商业铁路是斯托克顿—达林顿铁路，于1825年在英国通车。铁路的出现，迎合了工业革命的时代要求，促进了各种物资和商品的流通，直接推动了采煤、冶铁和金属制造业的发展。随着工业革命的发展，英、美、德、法、俄等国家陆续进入铁路建设发展的高潮期，世界铁路路网规模迅速扩大，到1920年，仅这五个国家的铁路总里程就达到60万km。铁路肩负着推动工业革命和工业现代化的重要使命，在长达一个世纪的时间里几乎垄断了陆地运输。

20世纪初，随着汽车工业的发展，公路运输悄然兴起。1903年美国莱特兄弟制作的飞机试飞成功，标志着世界航空运输业的诞生。1919年英国率先开辟了伦敦至巴黎空中航线，此后，欧美及世界其他地区的空中航线相继开通。随着石油工业的发展，管道运输也崭露头角。由于其他交通运输方式迅速发展，与铁路竞争日趋激烈，再加上多数国家铁路经营管理不善，导致世界铁路路网规模开始缩减。20世纪30至80年代，全球范围内的铁路发展逐渐步入低谷，铁路运输的市场份额随之下降，铁路在西方国家几乎一度陷入了“夕阳产业”的境地。例如20世纪50年代以后，英国铁路逐渐失去了在运输业的垄断地位，政府拆除或封闭了许多亏损线路。美国在1920—1978年工业化成熟期及后工业化时期，政府加大了对公路和航空的投入，并长期对铁路实行严格监管，铁路竞争环境日益恶化，相关建设几乎停滞，大量重复修建的线路被拆除或封闭。

随着工业化进程加快和铁路技术发展，经济发达国家铁路进入内燃化和电气化时代。相较于蒸汽机车，内燃、电力机车性能优越、操纵便捷，可以通过多台机车牵引更多的车辆，从而提升运输能力，减少运营成本，提高运输效益。与此同时，随着人口增长和经济总量扩大，土地、能源、环境等资源的有限性逐渐显露，发达国家以消耗石油资源为主要特征的运输系统与可持续发展的矛盾日益凸现。各国开始重新认识铁路在综合运输体系中的重要地位，铁路发展再次进入了一个新时期，以开行长大列车为主要手段的重载运输应时之需，应运而生。1958 年，美国开行了世界首列重载单元列车，由 85 辆载重 90.7 t 的矿石车组成，总重为 11 700 t，载重为 7 600 t。此后，加拿大、澳大利亚、俄罗斯、巴西等国家纷纷加入到重载铁路的行列。

作为交通大国的中国，自 20 世纪 80 年代开始积极加入到发展重载铁路的浪潮中来。早期主要通过对既有线路进行改造，试验开行组合重载列车。1992 年建成我国首条重载铁路——大同至秦皇岛铁路，后续随着国家运输需要又相继开通运营神木至朔州、朔州至黄骅港等一批重载铁路。2014 年，我国第一条按 30 t 轴重设计标准建设的重载铁路——瓦塘至日照港铁路建成通车。2019 年，我国又一条按 30 t 轴重设计标准建设的，也是世界上一次建成最长的重载铁路——浩勒报吉至吉安铁路全线通车，综合运用了智能综合调度、智能牵引供电、基础设施智能运维、融合北斗的工务基础设施监测、智能大脑平台、综合安全大数据等多项技术，开启了智能重载之路。

当前，以 5G、物联网、大数据、云计算、人工智能、新能源、新材料为代表的新兴技术与铁路加速深度融合，重载铁路技术装备和运输组织水平进入了新的发展阶段。面向未来，重载铁路必将在保障国家能源运输、实现碳达峰、碳中和目标中发挥更加重要的作用！

接下来，让我们一起领略重载铁路的非凡魅力吧！

编　者
2021 年 3 月

目 录

1

追本溯源

1.1 铁路的起源

当我们面对一张世界地图，蓝色星球舒展成一幅巨画，五大洲悬浮在湛蓝的海洋中，纵横密布的交通线路织就成网，其中铁路的身影不可或缺。铁路在世界交通的版图中发挥的作用和产生的影响极为深远，至今，仍坐拥交通领域的头把交椅。要说铁路开辟了工业革命之后的新局面，催生了现代化欧洲强国的诞生，改变了整个地球的工业生态，一点也不夸张。

本书向广大读者介绍的重载铁路，只是众多铁路类型中的一个分支，是真正意义上的钢铁巨龙，是全球铁路货物运输的发展方向，是承载着滚滚物流的庞大“独角兽”，更是促进国家经济发展，服务国计民生的“超强利器”。

介绍重载铁路，就需要对铁路的起源进行简要回顾。这一改变世界的伟大发明是如何诞生的？谁在其中发挥了举足轻重的作用？它对世界交通做出了哪些贡献？

下面就让我们一起回到 17 世纪的英国，来到催生铁路诞生的这片神奇土地之上。

1.1.1 铁路诞生和两根木轨条有关

铁路诞生与英伦三岛和第一次工业革命有关，工业革命催生了铁路，铁路将工业革命的火种传遍了欧美。直到 19 世纪 80 年代，作为工业革命的信使，铁路才登陆于日本岛和晚清中国。

铁路的出现与煤炭运输需求密切相关。在铁路出现之前的漫长年代里，煤矿若是想将产品运送到附近的货站、港口，一般采用骡马等牲畜运输，车马劳顿且效率不高。后来发现，如果在地面铺设两根木轨条，让车辆在上面运行会节省很多力气，效率还能提高，所以木轨就逐渐流行开来。

从 16 世纪 30 年代的德国到 18 世纪 80 年代的英国，木质轨道使用延续了 250 年左右，用来在矿井与附近的河道之间迅速转移煤炭，为矿山运输立下了汗马功劳。

随着货运量提高，运输工具出现革新，到了18世纪中下叶，铁轮货车被发明出来并投入使用，随后带有凸缘的生铁板轨道在英国的斯塔福德郡与南约克郡推广开来。

1789年，英国土木工程师威廉·杰索普成功设计出凸型铁轨和外轮缘凸出的铸铁车轮，并投入使用，现代性质的铁路出现萌芽。杰索普后来对外缘突出的车轮进行了改进，研制出内轮缘凸出的铸铁车轮和铁路道岔，成为现代铁路轮轨的标准形式，从此真正意义上的铁路诞生了。

然而铸铁轨的缺点是质地很脆，且每节长度不超过3英尺，承载力差。随着蒸汽机车牵引质量的提高，铸铁轨不能适应高强度、大运量的运输需求，经常发生断轨事故。因此，增加铁轨强度成了迫切需要解决的难题。随后铸铁轨更新换代，质量更高的锻造铁轨逐渐普及。

锻造铁轨使用了三十多年，但是仍旧满足不了日益增加的运输需求，需要一种强度更高、承载力更大、延展性更强、寿命更长久的铁轨，这就是如今被广泛采用的钢轨。

钢轨的发明得益于钢铁冶炼技术取得的重大突破。19世纪50年代，英国工程师亨利·贝塞麦等人发明了转炉炼钢法，大批量、低成本、高质量的钢铁才被生产出来，从而被应用到各行各业之中，钢轨也由此诞生，并铺在轨枕上形成了铁路，早期木轨枕铁路如图1.1所示。

图1.1　早期木轨枕铁路

从19世纪下半叶开始，铁路技术已经日趋成熟，铁路发展便开始突飞猛进。从英国点燃的火种蔓延到了全世界，全球交通突破了禁锢数千年的能源限制，生产力被迅速释放，形成了影响力巨大的第二次工业革命的滔滔洪流。

1.1.2 斯蒂芬森：名至实归的“火车之父”

除了钢轨之外，一个十分重要的铁路装备发挥了巨大作用，这就是蒸汽机车。

我们日常出远门乘坐的高铁列车，是一种电力动车组，将机车和车厢整合在一起，车头和部分车厢都能够产生驱动力。而普通列车和重载列车都是机车和车厢截然分开的，机车是提供牵引动力的装备，产生驱动力，车厢没有动力，被动牵引运行。

机车的发展进步经历了从蒸汽机车到内燃、电力机车的发展过程。为蒸汽机车做出贡献的英国发明家有两个：理查德·特里维西克和“火车之父”乔治·斯蒂芬森。

小贴士：什么是蒸汽机

蒸汽机是将蒸汽的能量转换为机械功的往复式动力机械。通过使水沸腾产生高压蒸汽的锅炉，可以使用木头、煤、石油或天然气甚至可燃垃圾作为热源，蒸汽膨胀推动活塞做功。

两个发明家制造蒸汽机车都离不开詹姆斯·瓦特。因为瓦特改良的蒸汽机又安全、又好用、效率还高，为他们的发明奠定了基础。但是瓦特蒸汽机有两个明显不足：一是不能随便移动，二是体型庞大笨重。特里维西克将瓦特蒸汽机的上下运动通过一套复杂的连杆系统变成了水平运动，还将蒸汽机小型化，这才有了早期的蒸汽机车，但是未能实用化。

小贴士：什么是蒸汽机车

蒸汽机车是利用蒸汽机，把燃料（一般用煤）的化学能变成热能，再变成机械能，而使机车运行的一种火车机车。

而斯蒂芬森继续解决了四大难题才将蒸汽机车实用化了：一是增加蒸汽机车的动力，二是提高了蒸汽机车的稳定性，三是解决了蒸汽机的阀门与齿轮联动问题，四是将蒸汽机车小型化。

瓦特的蒸汽机可以用于矿山和工厂里面，带动一般的机械设备作业，但是如果作为牵引动力去拉千百吨货物，就勉为其难了。而斯蒂芬森制造的蒸汽机车动力强大，速度很高，在当时无人匹敌。

当时英国其他发明家研制的蒸汽机车在运行过程中会产生跳跃，很不稳定，还会发生倾覆事故，而斯蒂芬森却能够“手到病除”。

当时出现的蒸汽机车，蒸汽阀门与齿轮联动有问题，使得机车很不灵活，操纵起来很麻烦，并且只能前进，不能后退，竞争力不强，斯蒂芬森用聪明才智解决了这一切问题。

斯蒂芬森解决的最关键的问题就是将蒸汽机车继续小型化，减轻重量。经过长时间的试验和改进，最终诞生了能够拉货快跑的实用型蒸汽机车，比较著名的有“火箭号”.(如图 1.2 所示)“旅行者号”“行星号”“兰开夏郡女巫号”等，开启了一个崭新的时代。

图 1.2 “火箭号”蒸汽机车[①]

①注：本书图 1.2 至图 1.5、图 1.12、图 3.39 由王忠良提供。

延伸阅读：理查德·特里维西克的大胆尝试

理查德·特里维西克是英国最早研制蒸汽机车的工程师和发明家，他首次尝试将瓦特的蒸汽机应用到交通运输领域，先后发明了四轮蒸汽机车“Puffing Devil 号”“London Steam Carriage 号”“新城堡号”（如图 1.3 所示）等知名的蒸汽机车，为铁路的诞生和发展做出了重要贡献。理查德的兴趣广泛，具备数学天赋，在机械制造和工程建造领域有很多开拓性的创新，但是因为不善经营，以至于穷困潦倒。他除了尝试制造蒸汽机车，还参与了伦敦泰晤士河隧道的开凿。在 1805 年至 1809 年间，特里维西克承担了伦敦泰晤士河隧道的修建任务，打算从沃平连通罗瑟希德，结果遭遇了两次透水事故，在挖掘了 305 m 后，不得不中途放弃。特里维西克由此背负巨债，只身逃往南美，最后落魄而终。

图 1.3　特里维西克研发的“新城堡号”蒸汽机车

1.1.3 世界首条铁路的传奇

世界首条铁路衔接英国工业城镇达灵顿和斯托克顿，两地相距约 40 km，地形平坦，大沟大河等天然障碍物很少，是修建铁路的理想之地。

1822 年 5 月 23 日，世界上首条商用铁路开工建设。斯蒂芬森领导的团队基本上包揽了和铁路有关的所有工程：填筑路基、架设桥梁、铺设轨道、制造机车和车辆，甚至连司机这个职务，也是斯蒂芬森亲自担任的。

1825 年 9 月 27 日，达灵顿至斯托克顿铁路正式开通运营。该条铁路采用 1 435 mm 轨距，线路长度 40 km，蒸汽机车型号是“旅行者”号；整列火车全长 122 m，总重 90 t；火车的平均时速 12.8 km，最高时速达到了 24 km。“旅行者”号的处女行获得了极大成功，奠定了斯蒂芬森不朽的历史地位。斯蒂芬森为该条铁路制造的第一台真正实用性的蒸汽机车——“机车 1 号”如图 1.4 所示。

图 1.4　达灵顿至斯托克顿铁路使用的机车 1 号

世界上第一条铁路就这样开通了。由于没有信号设备，为了保证前面看热闹的人不要堵塞线路，以免发生危险，斯蒂芬森专门雇佣了一名男孩骑着马冲在前面，充当信号灯的角色。那时候马匹跑得比火车快，但是等火车逐渐垄断交通之后，还有怀疑者非要挑战火车，举行了火车与马车的比赛，最后火车胜利了。

然而，铁路的发展并非一帆风顺，等到达灵顿至斯托克顿铁路正式投入使用之后，保守派抛弃了蒸汽机车，恢复了传统的马拉火车的模式，这不得不说是一个特定历史条件下的黑色幽默，这个黑色幽默甚至用纪念印章的方式记录并流传至今。

表 1.1 所示为世界各国第一条铁路。

表 1.1　世界各国第一条铁路

序号	国别	铁路名称	线路长度	开通时间
1	英国	达灵顿至斯托克顿铁路	40 km	1825 年 9 月 27 日
2	法国	圣埃蒂安至安泰基矿山铁路	21.286 km	1826 年 10 月
3	美国	巴尔的摩至俄亥俄铁路	21 km	1830 年 5 月 24 日
4	比利时	布鲁塞尔至梅赫伦铁路	23 km	1835 年 5 月 5 日
5	德国	纽伦堡至菲尔特铁路	6 km	1835 年 12 月 7 日
6	加拿大	尚普兰至圣路易斯铁路	26 km	1836 年 7 月 21 日
7	俄罗斯	圣彼得堡至沙皇村铁路	27 km	1837 年 10 月 30 日
8	荷兰	阿姆斯特丹至哈勒姆铁路	16 km	1839 年 9 月 20 日
9	意大利	那不勒斯至波蒂奇铁路	7.64 km	1839 年 10 月 2 日
10	日本	新桥至横滨铁路	29 km	1872 年 10 月 14 日
11	中国	上海至吴淞口铁路	14.5 km	1876 年 7 月 3 日

1.1.4　铁路在中国的落户

铁路是近代工业文明的产物，铁路的修筑又促进了工业文明的发展。但是由于长期的闭关锁国及自然经济的局限，清政府一时看不清铁路对社会进步的重大作用，他们视铁路如“洪水猛兽”，视蒸汽机车为“奇技淫巧”，因而顽固地拒绝修建铁路。

直到 1876 年，中国大地上才出现了第一条铁路——上海吴淞铁路。1872 年，西方列强为了便利吴淞口与公共租界的陆上交通，以修“寻常马路”为名，骗购筑路用地，背着清政府擅自在中国的土地上修建铁路。1876 年，列强将铁路器材谎称为“马路器材”，蒙混进口，以修好的马路为路基，又偷偷铺上钢轨并通车。吴淞铁路全长 14.5 km，轨距 0.762 m，机车自重仅 15 t，牵引小型客货车，时速为 24.32 km。铁路虽好，但却是列强以欺骗之法擅自修筑的，为了维护主权，经过交涉最终由清政府以 28.5 万两白银赎回。荒谬的是，为防止外人今后故伎重演，清政府在赎回后竟下令拆毁了仅仅运行一年零四个月的吴淞铁路。吴淞铁路曾使用过的“天朝号”蒸汽机车如图 1.5 所示。

图 1.5 吴淞铁路“天朝号”蒸汽机车

鸦片战争后，清政府洋务运动代表人物李鸿章、左宗棠、刘铭传、张之洞等主张兴修铁路，以“求强、求富”。1881 年，在洋务派主持下，由开平矿务局集资修建唐胥铁路（唐山—胥各庄）。该铁路属于官督商办，全长约 10 km，采用 15 kg/m 轻轨，轨距 1 435 mm，这也是中国第一条采用 1 435 mm 轨距的铁路，唐胥铁路揭开了中国自办铁路的序幕，因此也被后人称为“中国铁路建筑史的正式开端”。图 1.6 和图 1.7 所示分别为唐胥铁路使用的 0 号蒸汽机车和“龙号”蒸汽机车。

图 1.6 唐胥铁路使用的 0 号蒸汽机车

图 1.7 唐胥铁路使用的“龙号”蒸汽机车

中国人真正完全自主修建的第一条铁路是京张铁路。1905 年，清政府任命从美国耶鲁大学毕业回国的詹天佑担任京张铁路总工程师，消息一经传出，外国人讽刺说建造这条铁路的中国工程师恐怕还未出世。京张铁路工程艰巨，特别是青龙桥附近，坡度特别大。火车怎样才能爬上陡坡呢？詹天佑（如图1.8所示）顺着山势设计了一种“人”字形线路。北上的列车到了南口就用两个火车头，一个在前边拉，一个在后边推。过青龙桥，列车向东北前进，过了“人”字形线路的岔道口就倒过来，原先推的火车头拉，原先拉的火车头推，使列车折向西北前进（如图1.9所示）。这样一来火车上山就容易得多了。1909年，京张铁路全线竣工通车，比原定计划缩短了两年，建造成本节省了20多万两白银。京张铁路是中国人完全自主修建的首条铁路，采用的是中国自己的技术，让中国人扬眉吐气，在中国铁路发展史上留下浓墨重彩的一笔。

图1.8　詹天佑雕像

图1.9　京张铁路“人”字形线路沙盘

延伸阅读：詹天佑——中国铁路之父

詹天佑（1861年4月26日~1919年4月24日），汉族，字眷诚，号达朝。祖籍徽州婺源（今江西省上饶市婺源县）人，生于广东省广州府南海县（今广州市荔湾区），12岁留学美国，1878年考入耶鲁大学谢菲尔德学院土木工程系，主修铁路工程。1905~1909年，主持修建我国自主设计并建造的第一条铁路——京张铁路，创设“竖井开凿法”和“人”字形线路，震惊中外。在筹划修建沪嘉、洛潼、津芦、锦州、萍醴、新易、潮汕、粤汉等铁路中，成绩斐然。他是我国近代科学技术界的先驱，伟大的爱国主义者，杰出的铁路工程技术专家。作为中国铁路事业的先驱者，詹天佑被人们称作中国铁路之父、中国近代工程之父。

1.2 世界铁路的发展与变迁

铁路技术在诞生之后的半个世纪中，从英国推向了全世界。这种性价比非常高的交通工具，在汽车和飞机尚未发明之前雄霸天下。

在铁路兴起之初，是无可争议的最赚钱的投资项目，资本主导的英美等国家在利益的驱动下，开始大规模地修建铁路，最终造成了“过剩”，对铁路发展造成沉重打击。美国巅峰时期修建铁路总长度超过了 40 万 km，后来经过长时间的低迷，铁路不断被拆毁，到今天，美国剩余的铁路总长约 22 万 km。铁路的兴衰就像一面镜子，映射出了一些国家经济发展的起起伏伏。

1.2.1 铁路投资建设大浪潮

展示铁路发展的兴衰史，英美两国是最好的样本，这两个国家都经历了铁路“兴起—衰落—复兴”的全过程。

在 19 世纪初叶，欧洲人仍在使用延续了几千年的传统交通工具：马车和帆船。主要的运输方式包括河道航运、运河航运、沿海航运和马车运输以及更为原始的人力运输方式。

铁路和火车的出现颠覆了这一切。铁路运输的惊人发展大大减少了国家内部和国家之间、大陆之间的距离。第一次世界大战前夕，欧洲已经在世界各地建立了庞大的铁路网，为其近代工业的发展奠定了坚实的基础。

1825 年，英国建成开通了世界第一条铁路——斯托克顿至达灵顿铁路，此后 100 年内进入大规模建设时期，19 世纪 50 年代是英国铁路修建高潮时期，到 1880 年主要线路基本建成，1928 年路网规模达到 32 565 km 的历史最高水平（如图 1.10 所示）。

早在 19 世纪 40 年代，英国火车的时速就超过了 56 km，而当时马车的最高时速为 16 km，铁路实际上已经把国家的地理空间缩小到了以前规模的三分之一到五分之一。此外，铁路的费用比其他交通方式便宜得多，因为铁路的出现，陆上运输的平均成本减少了一半以上。

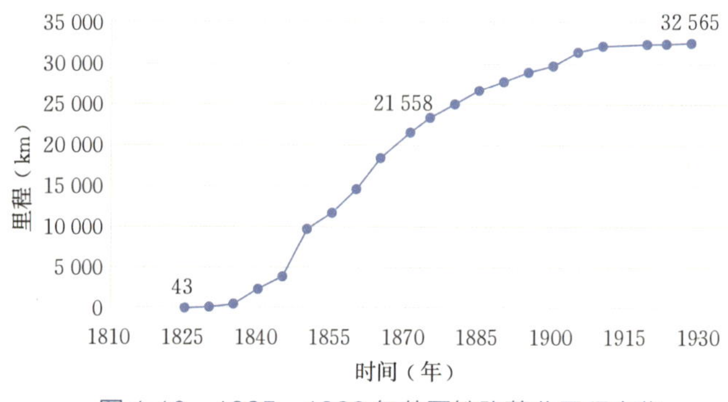

图 1.10　1825—1928 年英国铁路营业里程变化

美国铁路兴起阶段是从 1825 年到美国内战结束的 1865 年，长达 40 年时间。以巴尔的摩至俄亥俄铁路开通为标志，美国也开始了铁路狂飙运动。投资商们蜂拥而上，纷纷建设铁路，他们各自为政，展开激烈竞争，铁路标准五花八门，互不兼容，车辆、票价、服务标准、时刻表都不一样，给旅客出行带来了极大的麻烦。

从 1865 年到 1920 年，是美国铁路发展的黄金时期。各个小公司不断被吞并，最终形成了以铁路大亨范德比尔特为首的铁路大财团。铁路飞速扩张，建设投资大，施工速度快，铁路各项标准也进行了统一，全国性的铁路网络日趋完善。到了 1916 年，美国铁路营运里程达到 40 多万 km，吸引就业 180 万人，约占全国劳动力的十分之一。

以英美两国为代表的铁路建设突飞猛进，让我们看到了这个新兴的交通方式革故鼎新的强大能力。

延伸阅读：铁路与运河的竞争

利物浦至曼彻斯特铁路是英国修建的第二条铁路，全长约 48 km，连接英国两大工业城市，也是由乔治·斯蒂芬森主持修建的。但是在修建期间遭遇了空前的阻力，最主要的反对者就是运河公司。他们经营水路运输，将铁路视为最大的竞争对手。在修建这条铁路之前，运河公司垄断了两座城市的货物运输，运价居高不下。商人们深受盘剥，在多次与之交涉无果之后，决定修建一条铁路与之竞争，并由乔治·斯蒂芬森肩挑重任。运河公司采取各种手段阻止铁路修建，并排挤乔治·斯蒂芬森。经过艰难抗争，利物浦至曼彻斯特铁路胜利通车。这条铁路采用的就是大名鼎鼎的“火箭号”蒸汽机车（如图 1.11 所示）。

图 1.11　英国“火箭号”蒸汽机车模型

1.2.2 铁路发展一度陷入低迷

19 世纪 70 年代及以前，是英国铁路发展的黄金时期，中间即使有波折，铁路也吸引了大量劳动力，创造了很多就业机会，也给投资者带来可观的回报。但是，70 年代以后，铁路经营就每况愈下，原因包括：公司经营不善，技术进步缓慢，生产效率降低，生产成本不断增加，飞机和汽车被大规模推广使用，蚕食了铁路既有市场。

铁路规模的扩大并不一定会提高经营效益。事实上，在英国铁路发展的后一阶段，生产率和生产成本比率趋于恶化，这在一定程度上反映了这些公司不愿意创新或者对改进工作方法没有动力，他们只是使用成熟的技术，不断将铁路从繁荣富庶的地区向人烟稀少的区域进行拓展，鲜有技术创新之举。

20 世纪初，德国发明家鲁道夫·狄塞尔发明了柴油机，德国企业家本茨和迈巴赫发明了汽车，美国大亨福特建立了汽车生产流水线，物美价廉的汽车开始大规模普及，莱特兄弟发明了飞机并逐渐统治了天空。火车这种在一百多年里从来没有遇见对手的先进交通工具，面临着巨大生存压力，不可避免地陷入了低迷。

美国铁路的衰落期是从 1920 年到 1970 年，持续了半个世纪。主要的原因就是美国政府发现铁路已经形成垄断地位，并且无序竞争和重复建设势头没有被遏制，便出手干预，进行严格管制，加上各大公司竞争残酷，铁路的收益快速下降，最终让铁路走向了衰落。与此同时，由于汽车和飞机等新型交通工具的出现，铁路运输市场份额被大幅蚕食，大量铁路变得多余而被拆除。在此期间，美国拆除铁路有 12 万 km 之多，很多铁路公司破产或被兼并。

通过对以上两个国家的铁路低迷情况分析，我们会发现一个很重要的原因在左右着铁路未来的命运，那就是技术进步。如果铁路再不审时度势，迅速改变自己，进行技术升级换代，那么，铁路拿什么来和汽车、飞机竞争呢？

1.2.3 铁路开启复兴之路

随着人口的增长和经济总量的不断扩大，发达国家运输是以巨量资源消耗、严重环境污染为代价的，与可持续发展的矛盾日益凸现。进入 20 世纪 80 年代以来，铁路重新得到各国政府的政策支持，各国开始重新认识铁路在综合运输体系中的重要地位，铁路发展再次进入了一个新时期，呈现复苏趋势。

自世界上第一条高速铁路——日本东海道新干线 1964 年开通以来，高速铁路因具有行车速度快、运输能力大、安全舒适、综合经济效益好、科技含量高的优势，呈现出蓬勃发展的态势。高速铁路已成为铁路现代化的重要标志和世界铁路发展的重要趋势，在世界范围内牵引了铁路运输的复兴。世界铁路联盟（International Union of Railways，UIC）统计数据显示，截至 2019 年底，全世界拥有高速铁路的国家和地区达 20 个，总里程约 5.2 万 km。

在客运向着高速化发展的同时，铁路货运也开始向重载化发展。1958 年，美国南太平洋铁路公司开行的世界首列重载单元列车由 85 辆载重 90.7 t 的矿石车组成，总重为 11 700 t，载重为 7 600 t，开启了世界铁路货运复兴之路。图 1.12 为美国早期的重载运输列车。

如今，世界铁路的发展进入了新阶段，高速和重载让铁路朝着更加光明的方向发展和进步。高速铁路缩短时空距离，让人们出行更加便捷。重载铁路畅通物流，平衡着生产资料不对等的市场需求，是真正影响到国计民生的交通大动脉。一个负责客运，一个负责货运，堪称铁路行业的“双剑侠”。曾经被嘲弄为“夕阳产业”的铁路，也因为高速和重载的技术进步，重新焕发了生机，变成了人人赞叹的“朝阳产业”。

图 1.12　美国早期重载运输

1.3 重载铁路身世之谜

高速铁路迅捷如风，让乘客体验到了“千里江陵一日还”的浪漫和洒脱，彰显了铁路“快”的优势。而重载铁路则是“重量”的代言人，是铁路列车中的“巨无霸”，在服务国计民生中发挥了巨大作用。

1.3.1 铁路的大家族成员

中国铁路始于晚清，长于共和，历经百年风雨变迁，实现了从学步到跟跑、从跟跑到领跑的跨越式发展。如今我国已建成了世界上最强大的铁路网。这张网，越戈壁、穿沙漠，逢山开路，遇水架桥，涵盖世界铁路各种运营场景。因此，中国具有很多不同类型的铁路，且划分标准也不尽相同。

在我国，铁路大家族成员一般包括高速铁路、普速铁路、重载铁路、高原铁路。

（1）高速铁路

高速铁路是指新建设的设计开行 250 km/h（含预留）及以上动车组列车，

初期运营速度不小于 200 km/h 的客运专线铁路。经过多年建设发展，我国成功建设了世界上规模最大、现代化水平最高的高速铁路网。截至 2020 年底，我国高速铁路营业总里程达到 3.8 万 km，稳居世界第一。图 1.13 为时速 350 km 的复兴号动车组奔驰在高速铁路上。

图 1.13 复兴号动车组奔驰在高速铁路上

我国铁路建设面临的自然环境非常复杂，东北冰天雪地、气温变化为 −40～40℃；海南常年温热潮湿，西北黄土高原存在大面积湿陷性黄土和戈壁沙漠，东部河网密布、大量淤泥质软土。通过长期攻坚和实践，我国建成了哈尔滨至大连（如图 1.14 所示）、北京至广州、兰州至乌鲁木齐、海南环岛、上海至昆明、西安至成都等一批具有国际领先水平的典型线路。

图 1.14 哈大高速铁路

（2）普速铁路

普速铁路是指设计速度低、只能让火车以普通速度行驶的铁路，如图1.15所示。铁路建设初期没有普速铁路的说法，直到高铁时代才有普速铁路的概念。火车和轨道在速度方面有了飞跃后，以不同速度指标作为铁路类型划分依据的这种等级理念就逐渐普及成型。普速铁路虽然速度档次低，但它是世界铁路系统的主体。

图1.15　普速铁路

在我国，普速铁路通常指设计速度为160 km/h内的国家铁路系统。1997~2007年间，我国对原有普速铁路进行了六次大提速改造，线路速度等级实现明显提升。例如第六次大提速后，京哈、京沪等既有线路可以开行时速200 km的动车组，部分区段列车运行时速可达250 km。但一般而言，经提速改造后仍未全面达到200 km/h的速度级别、依旧以运行普速列车为主的铁路等都属于普速铁路范围。

（3）重载铁路

重载铁路是铁路发展历程中最重要的一个技术分支，是功能最全、效率最高、可以横跨大陆的大宗货物搬运者。它一般指满足列车牵引重量8 000 t及以上、轴重为27 t及以上、在至少150 km线路区段上年运量大于4 000万t三项条件中两项的铁路。新建重载铁路设计速度不大于100 km/h，轴重不小于30 t，列车牵引重量万吨级及以上。

重载铁路的服务对象包括矿石、煤炭等大宗散装货物，采用重载运输是把这些货物从矿山开采地运到装船地或消费地之间的最经济的运输方式，如图1.16为满载煤炭的重载列车驰骋在重载铁路上。重载运输技术在世界范围内应用日趋广泛，不仅被中国、美国、加拿大、巴西、南非等大陆国家采用，甚至在以客运为主的德国、芬兰等欧洲国家的客货混运干线铁路上也有应用。实践表明，重载运输是铁路货物运输发展的趋势，是降低运营成本、增强市场竞争力的有效措施。

图 1.16 重载铁路

小贴士：什么是轴重

轴重指每根火车车轴允许分摊的最大整车重量。轴重越大，每辆车装载的货物就越多，每列车拉的货物就越多。当然轴重也不能无限大，一方面受限于轨道、桥梁、隧道和路基的承载能力，另一方面，因为轴重越大，对钢轨施加的压力就越大，钢轨损坏的周期就越短，铁路维修费用就越高，如果铁路后期的维修费用超过了因为轴重增加带来的收益，就很不划算了。

（4）高原铁路

顾名思义，高原铁路是指在高原地区修建的铁路，其中最著名的就是我国的青藏铁路，这是世界上第一条修建在永久冻土地带的高原铁路，工程技术人员克服了高原缺氧、高寒冻胀、脆弱的高原环境等诸多难题，将铁路修到了筑路禁区，被誉为“世纪天路”。

此外，我国另一条高原铁路——川藏铁路已经全线开工，它东起四川省成都市、西至西藏自治区拉萨市，是我国第二条进藏铁路，集合了山岭重丘、高原高寒、风沙荒漠、雷雨雪霜等多种极端地理环境和气候特征，跨 14 条大江大河、21 座 4 000 m 以上的雪山，被称为“最难建的铁路”。

1.3.2 探寻重载铁路的起源

1. 重载铁路出现的历史背景

在 20 世纪之前，铁路一直是全球运输的主力军。但是进入 20 世纪以后，汽车和航空异军突起，给铁路带来了巨大冲击，北美和欧洲国家大规模拆除铁路，“铁路夕阳论调”甚嚣尘上，好像全世界要给铁路判死刑了。

随着第二次世界大战结束，世界经济开始复苏，工业化进程加快，对原材料和矿产资源等大宗货物的需求增加，加上能源问题日益紧迫，给铁路运输带来了新的发展机遇，以“客运高速”和“货运重载”为特征的世界铁路开始复兴。铁路以其可以重载，并且具有运量大、运距长、全天候、能耗低、污染少等综合优势，可以创造巨大的社会和经济效益，为铁路运输带来勃勃生机。在一些幅员辽阔、资源丰富、煤炭和矿石等大宗货物运量占比较大的国家，如美国、加拿大、澳大利亚等，重载铁路运输（如图 1.17 所示）这种特殊的运输方式开始出现，并且发展极为迅速。

图 1.17　重载运输

2. 重载铁路的发展过程

从 20 世纪 50 年代开始，因为投资公路和航空运输，给环境造成了极大的污染，给交通带来严重的堵塞，让世界各国不得不重新审视和制定新的交通战略。在当时，铁路在资源与环境方面的可持续发展优势已经形成国际共识，各国纷纷检讨交通投资政策的失误，取消陈旧法规，制定新的法律，支持铁路环保。比如在1978年，美国连续出台法律政策，彻底解除了针对铁路的严厉管制，再加上20世纪70年代爆发的石油危机，使得世界既有能源结构模式也发生了变化，需要开发煤炭资源，增加运能，这一系列变化就为重载运输发展创造了有利条件。

一些国家先后抛弃了牵引动力不大并且污染严重的蒸汽机车，替换成大功率的内燃和电力机车（图1.18和图1.19所示为我国铁路运输早期使用的蒸汽机车，图1.20所示为我国铁路第二代电传动内燃机车的首型机车——东风4型内燃机车，图1.21所示为和谐型货运电力机车）。货运列车开始朝着长编组方向发展，重载列车雏形开始出现。但在这个阶段，重载技术还不成熟，比如如何在长大列车编组中合理配置机车位置、如何解决货车之间的纵向冲动、如何提高车钩强度、如何控制多台机车牵引与制动同步等技术难题，都没有得到妥善解决。

图1.18　胜利3型蒸汽机车

图1.19　解放11型蒸汽机车

图1.20　东风4型内燃机车

图1.21　和谐型电力机车

到了20世纪60年代，重载铁路技术有了突破，在整个铁路运输体系中的作用越来越重要，美国、加拿大、澳大利亚等国相继组织开行了固定车底的单元列车。这种单元列车固定编组，在装卸和运输货物的整个过程中不进行车体解编，大大提高了运输效率，且发展势头极为迅猛。比如美国在1960年只有一条重载单元列车运煤线路，年运量大约120万t，到了1969年，专用的运输煤炭的重载铁路就增加到293条，运量占据铁路煤炭总运量的近30%。南非在20世纪60年代末期引进北美的重载单元列车技术，逐步将运载重量提高到4 500 t和7 400 t，并且尝试开行11 000 t的重载列车。巴西开行重载列车要晚十年，也是引进的北美和南非的重载技术。

20世纪80年代以后，由于新材料、新工艺、电力电子、计算机控制和信息技术等现代高新技术在铁路上的广泛应用，铁路重载运输技术及装备水平又有了很大提高。特别是在大功率交流传动机车、大型化和轻量化车辆、同步操纵和制动技术等方面有了新的突破，极大地促进了重载运输的发展。

1.3.3 重载铁路的身份鉴定

重载铁路是相对于普通铁路而言的，其牵引重量大、运能大、效率高、成本低、环保节能，其运输地位是国际公认的。

重载铁路货物运输的主要特点是列车编组长、重量大，实现全程直达运输，通过采用大功率交流传动机车、大轴重和低自重货车、列车控制同步操纵等技术，使铁路运量大、成本低的优势更加凸显，大幅提高铁路在中长距离、大宗货物运输市场的竞争力。

国际重载协会多年来对重载铁路的定义不断与时俱进，提高标准，在2005年给出了最新界定：一条铁路，经常、定期开行或准备开行总重至少为8 000 t的单元列车或组合列车；在长度至少为150 km的线路区段上，年计费货运量至少达4 000万t；经常、正常开行或准备开行轴重27 t以上（含27 t）的列车。只要满足上面三条中的两条，就称之为重载铁路。

小贴士：重载铁路的标准

世界各国的铁路由于运营条件、技术装备水平不同，采用的重载列车型式和组织方式也各有特点。国际重载协会先后于1986年、1994年和2005年三次制（修）订重载铁路标准，具体见表1.2。具备三个条件中任何两个即可。

表1.2　重载铁路标准

制定时间	牵引重量（t）	轴重（t）	年货运量及运营区段
1986年	≥5 000	21	≥2 000万t
1994年	≥5 000	≥25	≥2 000万t，≥150 km
2005年	≥8 000	≥27	≥4 000万t，≥150 km

按照国际重载协会给出的标准，我国目前有五条运煤通道属于重载铁路，分别是大同至秦皇岛铁路（大秦铁路）、神木至黄骅港铁路（神黄铁路，由神朔铁路和朔黄铁路组成）、瓦塘至日照铁路（瓦日铁路）、张家口至唐山港铁路（张唐铁路）、浩勒报吉至吉安铁路（浩吉铁路），这五条重载铁路如今已成为我国的能源运输的铁路大动脉。图1.22和图1.23分别为朔黄铁路和浩吉铁路。

图1.22　朔黄铁路

图 1.23 浩吉铁路

专题：国际重载运输协会

国际重载协会（简称 IHHA），是非营利性质的非政府性科技组织，是一个致力于改进重载铁路运营、维护和技术的非政府国际组织。1986 年在美国密苏里州注册成立，现有中国、美国、加拿大、澳大利亚、南非、俄罗斯、巴西、瑞典、印度九个会员国，国际铁路联盟国际部为该组织准会员。

国际重载协会的宗旨是追求铁路重载运输运营、维护和技术的最佳，追求卓越化，主张通过重载解决铁路运输能力问题，并推进国际铁路以及其成员之间在重载技术上的合作和交流。

国际重载协会通用语言为英语。国际重载协会决策机构为协会理事会，理事会由会员国代表组成。理事会选举产生理事会主席、副主席，任命首席执行官及其他工作人员。国际重载协会每四年举行一次大会，每两年举行一次专家技术会议，每年举行一次理事会年会，会议主题及主办情况见表 1.3。

表 1.3 IHHA 历年会议主题主办情况表

年度	会议名称	主　题	承办国家	举办地点
1978	第 1 届国际重载运输大会	大吨位运输相关技术和经济问题	澳大利亚	珀斯
1982	第 2 届国际重载运输大会	协会成立，重载铁路技术交流与协作	美国	斯普林斯

续上表

年度	会议名称	主　　题	承办国家	举办地点
1983	理事会	选举常任理事	美国	华盛顿
1984	理事会	美、加、澳、中、南非代表筹建 IHHA	美国	华盛顿
1986	理事会	确定今后会议	加拿大	温哥华
1986	第 3 届国际重载运输大会	通过技术和高效工作提升效益	加拿大	温哥华
1987	理事会	采用什么工程措施能提高生产效率	澳大利亚	/
1988	首次专题讨论会	重载铁路制动系统	中国	北京
1989	第 4 届国际重载运输大会	铁路在行动	澳大利亚	布里斯班
1991	小型会议	车轮 / 钢轨 / 经验	加拿大	温哥华
1993	第 5 届国际重载运输大会	重载运输的高效率与安全	中国	北京
1994	专家技术会议	车辆维护管理	美国	奥马哈
1996	专家技术会议	多拉、快跑、奔向 21 世纪的交通运输	加拿大	蒙特利尔
1997	第 6 届国际重载运输大会	2000 年后的战略，俄罗斯、巴西、瑞典新增为理事国	南非	开普敦
1999	专家技术会议	轮轨之间的相互作用	俄罗斯	莫斯科
2001	第 7 届国际重载运输大会	冲破重载技术壁垒，U1C 加入	澳大利亚	布里斯班
2003	专家技术会议	加强重载铁路系统可靠性和网络效率	美国	达拉斯
2005	第 8 届国际重载运输大会	安全、环保和高效	巴西	里约热内卢
2007	专家技术会议	重载运输中的高效率	瑞典	斯德哥尔摩
2009	第 9 届国际重载运输大会	重载运输的创新、实践与发展	中国	上海
2010	理事会	2009 年会议总结及协会发展战略	南非	约翰内斯堡
2011	专家技术会议	极端条件下的重载运输	加拿大	卡尔加里
2013	第 10 届国际重载运输大会	重载运输的能力建设	印度	新德里
2015	专家技术会议和理事会	最佳铁路重载运营	澳大利亚	珀斯
2017	第 11 届国际重载运输大会	在变化的世界中推动重载铁路技术和运营	南非	开普敦
2019	第 12 届国际重载运输大会	重载运输 4.0——实现性能等级的突破	挪威	纳尔维克

2

各有千秋

2.1 世界各国重载尽显风采

国外的重载铁路以美国、加拿大、澳洲、俄罗斯、南非、巴西等国家为代表，这些国家有两个共同的特点，一是国土面积辽阔，二是矿产资源丰富，这就给修建重载铁路提供了必要的条件。了解一下这些国家的重载铁路的历史和发展现状，并与我们国家的重载铁路发展情况做一个对比，就更能看出重载铁路存在的必要性和发展的重要意义。

2.1.1 美国重载铁路里程世界第一

在重载铁路的技术发展中，美国的贡献很大。虽然修建高速铁路一直不成功，但是美国重载铁路技术发展依旧名列前茅。早在1958年，世界首列重载单元列车在美国开行。1967年10月，美国在韦尔什—朴次茅斯间250 km的区段上，开行了500辆煤车编组的重载列车，由分布在列车头部和中部的6台内燃机车联合牵引，全长6 500 m，一次可运送4.7万t煤炭，创造了当时的世界重载运输纪录。如今，美国铁路总里程为22.1万km，其中开展重载运输的Ⅰ级铁路约16万km，稳居世界第一。

作为世界重载铁路中的执牛耳者，美国发展重载铁路技术经历了三个不同的阶段，分别是萌芽期、成长期和成熟期。萌芽期主要集中在20世纪50年代至70年代末，这段时间，美国为了与公路和航空竞争，重点研究火车的牵引动力升级换代，尝试开行重载列车。第二阶段从20世纪70年代末期到90年代末期，美国对重载铁路技术进行探索实践，包括提高列车的轴重、增加装载能力，推动重载运输飞速发展，让铁路货运迎来了复兴。第三阶段是在21世纪之后的这些年，美国对重载铁路的内燃机车、轮轨技术等进行深入研究，进一步提高了重载列车的运输效率和生产率。

美国重载铁路的标准轴重为32.43 t，重载列车编组通常为108辆货车，由3~6台机车牵引，列车总重为13 600 t。重载列车采用大容量、低自重的货车，最大允许轴重范围在29.8~35.7 t之间。

美国铁路重载运输大多使用重载单元列车，有 95% 的货物是利用单元列车完成的。煤炭是美国铁路运输最主要的货物品类，其次是化学产品和农产品。美国开行的煤炭单元列车总重可达 2 万 t，铁路煤炭一年的运量为 8 亿 t 左右，煤炭运量占铁路总货运量的 43.3%（2011 年）。另外，为进一步开拓重载运输市场，美国在铁路和海运联合运输中开行了高效率的双层集装箱重载货物列车，其运量占美国集装箱总运量的 70% 以上，已成为联合运输的重点产品，成本比用一般铁路平车装运公路半挂拖车节约 40% 以上。

2.1.2 加拿大冰天雪地里的重载铁路

加拿大和美国接壤，处于北美洲的北部，气候寒冷，自然矿产资源也很丰富，铁路是重要的运输工具，因此发展重载铁路也是顺理成章的事情。目前加拿大重载运输里程约 5.7 万 km。因其重载运输模式与美国一致，所以业内一般将两者合称北美重载运输。

加拿大的重载铁路建设是从 20 世纪 60 年代晚期开始的，在 1967 年，加拿大国营铁路首先采用固定车底的单元列车运输谷物，取得了不错的效果，而后又将运输范围扩大到煤炭和矿石等领域。重载单元列车固定编组、固定线路、固定货物品类，运输效率高，成本降低，所以得到了很多国家的认同。

加拿大重载列车一般是大轴重、长编组，通常由 3 台内燃机车牵引，编组长度一般是 80～130 辆，载重量均达 10 000～15 000 t，其标准轴重从 32.43 t 提升到了 35.7 t，年运量达 2 亿 t。采用重载运输后，加拿大铁路运输占货运市场份额的 30%，占全部出口运量的 40%。

20 世纪 90 年代以后，加拿大铁路进一步组织开行双层集装箱重载列车。与普通列车相比，双层集装箱重载列车运输装载量大、速度快，运输成本约降低 30%。铁路集装箱重载运输是“铁路—海运”联合运输横贯美洲大陆东西的重要一环，取得了良好的经济效益。

加拿大重载铁路运输公司主要有加拿大国家铁路公司（CN）和加拿大太平洋铁路公司（CP），铁路总里程 5.8 万 km。CN 公司的铁路营业里程 3.2 万 km，主要运输货物为木材、粮食、煤炭等货物。CP 公司的铁路营业里程 2.3 万 km，主要运输煤炭和化肥等货物。CN 和 CP 公司的重载运输主要集中在加拿大西部的运煤线上，年运量最高达 8 000 万 t 以上。列车一般运行速度为

80~90 km/h，山区速度为 60 km/h。

太平洋铁路是加拿大最重要的重载运输线路之一，也是从英属哥伦比亚东南部的矿山到温哥华海岸之间运输冶金煤的主要干线，由 CP 公司运营。这条铁路上开行的重载运煤列车由 110 辆货车组成，净载重量为 11 000~13 250 t，每年运输超过 2 500 万 t 的煤炭，将塞尔柯克矿区的煤运至鲁珀特港以便出口到日本，或者把出口到中国和日本的谷物从 1 700 km 多外的内地运出来。每年通过 CP 重载铁路运输出口到亚洲的硫、钾矿达 5 000 万 t。

加拿大的铁矿集中在魁北克省，已成功地开发了拉克加麦恩、火湖等矿区。从矿区至圣劳伦斯河港口修建了 2 条准轨重载铁路，每年运出 4 000 万 t 矿石。其中，卡提尔铁路长 460 km，列车由 3 台机车和 156 辆货车组成，轴重 31 t，年货运量 1 500 万 ~2 000 万 t。另一条重载铁路为拉布拉多铁路，位于卡提尔铁路东侧，连接翁加瓦矿区与圣劳伦斯河七星港，线路长 639 km，年货运量为 2 000 万 t。重载列车通常由 117~265 辆货车组成，轴重 32. 5 t，载重 13 000~30 000 t。

2.1.3 澳大利亚书写最长火车纪录

澳大利亚和加拿大一样，也是地广人稀，矿产资源丰富，主要包括煤炭、铁矿石、铝土、黄金等。其中煤炭储量主要分布在澳洲的东南部，铁矿石分布在澳洲西部，铝土矿分布在澳洲北部。澳大利亚开展重载运输的公司主要可分为矿石运输和煤炭运输两类。以煤炭运输为主的是昆士兰铁路公司（QR），以矿石运输为主的有必和必拓公司、力拓公司下属的皮尔巴拉铁矿公司和 FMG 公司。澳大利亚的矿产资源丰富到什么程度？仅仅澳洲的亚必、必拓和力拓三家公司，就占据了全球铁矿石运量的 70%，除了矿产资源之外，小麦等农产品也是铁路运输的大客户，这就为澳洲发展重载铁路创造了条件。

美国开启了重载铁路的先河，但澳大利亚发展重载铁路技术在全球也首屈一指，并且也是世界上较早发展重载铁路的国家之一，其发展重载铁路与开发该国丰富的矿藏有关，经过多年的经营，重载运输货运量占全澳货运市场的 40%（2017 年），未来计划发展到 50%。

澳大利亚重载铁路也是从 20 世纪 60 年代开始的，从改造既有铁路入手，开展重载铁路技术的研究应用，最早改造的一条线路就是昆士兰窄轨铁路，他们提出“专业化铁路”的概念并加以实施，以期提高铁路的寿命和运量。专业化铁路有什么特殊之处呢？它具备四个特点：一是用同一种具有固定轴重的机车车辆；二是有可以检查机车车辆和线路的工作条件；三是对线路的可靠性提出更高的要求；四是将货车的轴重先提高到 35 t，再提高到 37 t，让货车编组更多，长度更长，拉货更多，保证运输的高经济性和高效性。到了 20 世纪 60 年代中期，澳洲的重载铁路已经长达 4 000 km。20 世纪 70 年代之后，又新建了几条重载铁路，比较典型的线路详见表 2.1。

表 2.1　澳大利亚重载铁路主要参数

运营公司	线路名称	线路长度（km）	轨距（mm）	牵引方式	年运量（亿 t）	轴重（t）	最大坡度	钢轨（kg/m）
必和必拓集团	纽曼山线	426	1 435	内燃	>1.0	37.5	重向 5.5‰ 轻向 15‰	68
	亚里线	208	1 435	内燃	/	35	/	/
力拓集团	哈默斯利铁路	630	1 435	内燃	/	/	重向 4.2‰ 轻向 20.3‰	68
	罗伯河铁路	470	1 435	内燃	/	36	重向 4.2‰ 轻向 20‰	68
Fortescue 金属矿业	FMG 铁路	260	1 435	内燃	0.55	40	/	/
Aurizon 公司	昆士兰中央运煤专线	2 028	1 067	电力	2.43	22.5	/	60

延伸阅读：全球最长的火车

全球最长的火车由 8 个车头拖着 682 节车厢，总长达到了 7.353 km，列车满载总重量约 10 万 t。这项纪录是由澳大利亚必和必拓铁矿石公司（BHP Billiton）创造的，并获得了吉尼斯世界纪录的官方认证。至今这项纪录还没有被打破。这辆超长的火车上装载了 82 262 t 铁矿石，总重 99 734 t，从 Newman 的炎帝矿一路开到了 275 km 外的黑德兰港。由 8 台 AC6000CW 机车牵引，用 10 个多小时才完成了全部行程，抵达黑德兰港，平均时速为 27.5 km。让人称奇的是，这列世界最长最重的火车只有一位司机控制，采用了重载机车的 LOCOTROL 无线遥控机车控制系统。BHP 的这 8 台机车和 682 节货厢分了四组，最前面是 2 个车头带着 166 节货厢往前冲；中间的 4 个分别拽着 168 节货厢紧跟其后，最后一组车头任务比较重，拖着 180 节货厢，所以一个在前面拉，一个在最后推。连车头带车厢一共 690 个，一个跟一个相互拽着，马不停蹄地从矿山奔往港口。

2.1.4 南非米轨铁路绘就重载图景

作为非洲大陆最南端的国家，南非毗邻印度洋和大西洋，地理条件极其优越，拥有世界上最繁忙的海上通道。南非矿产资源极为丰富，北部地区盛产煤炭和铁矿石，铁矿石因品质高出口形势非常好。在将北部矿区的煤炭和铁矿石运往大西洋、印度洋沿岸主要港口转运出口的过程中，南非重载铁路发挥着重要作用。

南非的重载铁路主要借鉴的美国的重载技术。20 世纪 60 年代末，该国在引进北美重载单元列车技术的基础上，开始发展重载运输，其最大的特点就是在窄轨线路上开行重载列车。发展到现在，南非主要有两条重载运输线路，一条是从赛申到萨尔达尼亚港的 OREX 矿石运输专线，用于出口铁矿石，另一条是从北部的煤炭基地姆普马兰加到理查兹湾的运煤专线，用于出口煤炭。

OREX 矿石运输专线全长 861 km，矿石运输线由 Spoornet 公司所属的 OREX 公司经营，轨距 1 067 mm（米轨），列车轴重 30 t。目前，该线路上运行的重载列车 342 辆，长度 4 100 m，总重达 41 000 t。列车由 3 个车组单元组成，每组 114 辆车，采用机车分散布置的编组方式，整列车共由 3 台电力机车和 7 台内燃机车牵引。按照计划，该线将来开行 420 辆编组的长大重载列车，长度可达 5 km，2011 年该线路的全年运输能力达到 5 200 万 t。

小贴士：米轨铁路是什么

轨距为 1 m 的窄轨铁路又称“米轨铁路”。目前世界上使用米轨铁路的地区还有南非、中国云南、越南、缅甸、马来西亚等。除米轨外，还有宽轨（轨距 1 600 mm）和标准轨（轨距 1 435 mm）。

理查兹湾运煤专线全长 580 km，由 Spoornet 公司所属的 COALlink 煤炭公司经营，1976 年建成之日起即成为南非煤炭出口的大通道，此后按重载运输要求多次进行升级和改造，铁路轨距为 1 067 mm，轴重 26 t，列车牵引总重达 22 000 t，编组长度 2 200 m。该条线路全部实现电气化，2015 年运量大约为 6 100 万 t。

重载运输的开行对南非铁路的运输效益影响较大，两条线路总里程不到 1 500 km，分别将南非大煤田、铁矿生产基地与港口连接起来，形成最便捷的运输通道，实现了大运量、低成本的运营模式，在煤炭和矿石运输市场中极具竞争力。两条铁路以占南非路网总长的 7.3% 完成了南非铁路 62% 的货运量。

2.1.5 俄罗斯继承苏联的重载事业

俄罗斯位于欧亚交界处，幅员辽阔，资源丰富，煤炭矿石等大宗货物运量占较大比重。早在 20 世纪 50 年代中期，苏联就开始研究重载铁路运输技术，采取的措施包括大规模普及电力机车和内燃机车、对铁路信号闭塞系统升级换代、改造和延长车站站线以适应重载列车的长度要求、铺设重型钢轨、研制特种车辆等，从而提高货物列车的平均重量。

20 世纪 60 年代末，苏联普尔伏尔加铁路局为了解决运营区段线路维修施工造成的运输能力损失，开始尝试将两列或两列以上的普通货物列车直接连挂在一起，形成组合列车，以提高列车的周转速度，增加货运量。而开行组合列车，也是重载列车的重要组织方式之一。

1979 年，苏联研究提出将列车重量提高到 6 000 多 t 的具体建议，并在西伯利亚、哈萨克斯坦与乌拉尔、欧洲部分相连的线路上完成了重载列车牵引试验，后在莫斯科铁路局管辖的线路上进行了运用实践。1979 年至 1983 年，莫斯科铁路局的列车平均重量增加了 189 t，货物周转量增加了 6%，行车量下降了 4%，取得了很好的经济效益。

1983 年以后，苏联通过大规模提高列车平均重量而展开的重载组合列车技术有了新突破，通过将三列或者三列以上的列车组合，实现重量可超过万吨的组合列车，在 1986 年甚至试验开行了总重达 43 407 t 的组合列车，创造了苏联铁路重载列车的最高纪录。1983 年至 1986 年，苏联铁路列车平均重量提高了 255 t，货运量增加了 9.5%。

苏联解体后，俄罗斯继承了绝大多数重载铁路，并在2000~2001年期间，计划在铁路干线上开行总重9 000 t、编组100辆的重载列车，但是进行得并不顺利，很多技术问题需要进一步解决，比如载重9 000 t的重载列车如何解决列车自动制动？产生过大列车纵向冲击力如何化解？开行重载列车是否经济合理？

俄罗斯铁路股份公司成立以后，在提高货运列车平均质量和长度的基础上，继续开展了提高大宗货物运输效率的研究。分别在伊利卡亚—斯维德洛夫斯克—萨尔基洛夫契和巴巴耶夫—圣彼得堡的线路区段上进行12 000 t重载列车试验，在库兹巴斯煤田—西北线和库兹巴斯煤田维霍德卡线路上进行了总重为6 000~12 000 t重载列车运行试验。

2004年，俄罗斯研究了扩大重载列车和超长列车开行的方案，确定了13条总长2.8万km的长大干线可以改造成重载铁路。从2005年开始，俄罗斯开行了总重量为6 000~6 300 t的重载列车，71辆编组，个别的铁路区段成功开行了总重9 000~12 000 t的组合重载列车。

随着经济发展和铁路货运量的持续增长，2010年俄罗斯铁路公司制定了到2020年“在专门运输方向组织开行超重和超长的列车发展规划”，开行重载列车的地区不断扩大、列车开行数量继续增多，其中主要是向西北、中央、南方出海港口开行重量9 000 t、100辆换算车的煤炭重载列车。

2.1.6 巴西讲述南美洲的重载故事

巴西矿产资源丰富，其铁矿石、铬矿、铝土矿、锰的储量均居世界前列，为发展铁路重载运输创造了需求条件。巴西重载铁路从20世纪70年代中期开始，通过借鉴、引进北美和南非的技术，开行了重载单元列车。巴西铁路总长度约3万km，有数家开展重载运输的铁路公司，包括卡拉雅斯铁路公司（EFC）、维多利亚·米纳斯铁路公司（EFVM）、MRS物流公司和中大西洋铁路运输公司（FCA）等。其中，卡拉雅斯铁路公司（EFC）和维多利亚·米纳斯铁路公司（EFVM）运营着巴西最著名也最有影响的两条重载铁路线，即卡拉雅斯铁路和维多利亚·米纳斯铁路，这两条重载线路均服务于巴西的淡水河谷公司（VALE）的铁矿石运输，年运量均超过1亿t，是世界上最繁忙的重载铁路之一。

卡拉雅斯铁路全长 892 km，连接世界最有名的卡拉雅斯矿区和圣路易斯的蓬塔马代拉港，主要用于矿石出口。2012 年，卡拉雅斯铁路的运量为 1.18 亿 t，成为世界上最繁忙的单线铁路。卡拉雅斯重载铁路采用列车固定编组循环运输系统，每列重载列车由 3 台机车和 204 辆轴重为 30 t 的货车组成，每辆货车净载重为 105 t，每列重载列车净载重量可达 21 000 t。

维多利亚 · 米纳斯铁路全长 905 km，主要运送伊塔比拉地区的铁矿石。该铁路是巴西现代化程度最高、运量最大、最繁忙的铁路，年货运量占巴西全国铁路货运量的 30% 左右，最繁忙区段平均每天开行列车 63 列。2012 年，维多利亚 · 米纳斯铁路的货运量达 1.33 亿 t。

延伸阅读：淡水河谷公司被誉为巴西"皇冠上的宝石"

巴西淡水河谷公司是世界第一大铁矿石生产和出口商，也是美洲大陆最大的采矿业公司，被誉为巴西"皇冠上的宝石"和"亚马逊地区的引擎"。公司成立于 1942 年 6 月 1 日，除经营铁矿砂外，还经营锰矿砂、铝矿、金矿等矿产品及纸浆、港口、铁路和能源。现在，淡水河谷铁矿石产量占巴西全国总产量的 80%。其铁矿资源集中在"铁四角"地区和巴西北部的巴拉州，拥有挺博佩贝铁矿、卡潘尼马铁矿、卡拉加斯铁矿等，保有铁矿储量约 40 亿 t，其主要矿产可维持开采近 400 年。淡水河谷公司业务经营额在世界各国家和地区所占比重：欧洲 29.0%，巴西 27.5%，中国 12.4%，日本 8.9%，美国 4.4%，亚洲其他国家 4.8%，世界其他国家 13.0%。

2.1.7 瑞典重载铁路运输默默耕耘

瑞典作为北欧面积最大的国家，其重载铁路数量不多，发展年头不长，运量也有限，却是欧洲各国重载铁路发展的缩影。

瑞典的重载铁路起源与发展，也离不开矿山运输。比如，瑞典基律纳-挪威纳尔维克港矿石铁路，全长 540 km，最初是一条矿石专用线，由瑞典铁矿石公司 LKAB 负责运营，1888 年开通，1915 年完成电气化改造。

在 1997 年瑞典完成重载技术升级之前，该条线路开行 25 t 轴重的普通货物列车，总重 5 200 t，编组 52 辆车。随着线路改造完成，机车车辆也进行了升级，轴重从 25 t 提升到 30 t，单节车辆的总重从 80 t 提升到 100 t。2007 年以后，瑞典在这条线路上成功开行了 7 000 t 的重载列车，编组数量为 60 辆。

重载运输产生的效益是非常可观的，一是能耗减少，二是运费降低。就拿瑞典这条重载铁路为例，自从升级之后，每年发车数量从 7 000 列减少到了 4 000 列，运输成本相应降低了接近一半。开行车次少了，运量反而增加了，LKAB 公司的年货运量从 2 000 万 t 增加到了 2 500 万 t。

1999 年，瑞典启动了波斯尼亚重载铁路建设计划，全长 190 km，客货混用，客车速度高达 250 km/h，货车速度 110 km/h，2008 年该线完工，在当年的 10 月份开通货运，2010 年正式交付运营。

2.2 中国重载铁路成为后起之秀

相对于美国、加拿大、澳洲、巴西、南非等国的重载铁路风起云涌的发展形势，作为交通大国的中国，自 20 世纪 80 年代开始也积极地加入到发展重载铁路的浪潮中来。

20 世纪 80 年代初期，我国铁路面对日趋紧张的运量与运能的矛盾，当时铁路货运量的 60% 以上集中于京广、津沪、京沈、哈大等总长约 1.25 万 km 长的 14 条繁忙干线上，主干线所承载的货运量，尤其是西部煤炭资源的运量甚至达到了线路所能承载的极限，但是与运量成为对比的是，这 14 条干线上所能承载的平均列车重量为 2 400 t，最大列车重量也仅为 3 500 t。同期，苏联 1980 年的最大列车重量已经达到 6 000 t，美国的最大列车重量更是达到了 15 000 t。因此，可以说我国的既有线运能还具有很大潜力可以挖掘。借鉴国外铁路的有益经验，结合国内具体情况，我国把发展重载运输作为加速提高输送能力的一个重要手段。

我国重载铁路运输经历了以下四个阶段：

第一阶段（1984—1990 年）：当时国家财力和物力紧张，无法在较短时间内对铁路建设进行大规模投资，也没有条件立即建造货运重载专线，而改造既有线工期短，收效快，可以采取边运营、边改造的方式，还可以在短时间内缓解铁路货运的困难。因此，选择具有较大运能潜力的既有线路进行改造，试验开行组合式重载列车。试验线路包括丰沙大线（丰台—沙城—大同）、石德线（石家庄—德州）、石太线（石家庄—太原）。

第二阶段（1990—1992 年）：主要是新建大秦铁路（大同—秦皇岛），开行单元式重载列车。1992 年我国建成了全长 653 km 的大秦铁路，它是我国第一条双线电气化重载单元列车的运煤专线，单元列车的重量达到了 10 000 t，是中国铁路重载运输发展的重要标志。

第三阶段（1992—2003 年）：逐步改造既有的繁忙干线，开行整列式重载列车。有计划、分步骤地在京广线、京沪线、京哈线等主要干线繁忙区段组织开行了 5 000 t 级的整列式重载列车。在此期间，神朔铁路、朔黄铁路分别于 1996 年、2002 年开通运营。

第四阶段（2003 年至今）：2003 年起，大秦铁路连续开始实施 2 亿 t、4 亿 t 扩能改造，至 2010 年 5 月，大秦铁路全线完成 4 亿 t 扩能改造，这一时期我国重载铁路轴重普遍为 25 t。2013 年起，朔黄铁路进行 30 t 及以上轴重条件下既有线强化改造，并于 2014 年 8 月成功开行了我国首列轴重 30 t 重载列车。2014 年 12 月，我国第一条按 30 t 大轴重重载列车运行标准建设的铁路——瓦日铁路正式建成通车。2019 年 9 月，我国又一条按 30 t 轴重设计标准建设的，也是世界上一次建成最长的重载铁路——浩吉铁路全线通车投入运营，开启了智能重载之路。

2.2.1 丰沙大线打响中国重载第一枪

在重载运输技术发展的第一阶段，丰沙大铁路就是第一块试验田。丰沙大铁路起自北京丰台，经过沙城、张家口，终至大同铁路枢纽的口泉站，是詹天佑修建京张铁路的备选线位之一，线位很好，但是因为造价较高、工程艰巨而放弃。

丰沙大铁路开通于 1955 年，1984 年完成电气化改造，计划 1985 年完成运量 6 000 万 t，结果实际完成了 6 344 万 t，并且还以每年 700 万 t 的速度增加，这就意味着铁路刚完成电气化升级能力就饱和了。

有什么办法能够大幅度提高运输能力吗？有的，可以采用提高列车的载重量的措施。比如，以前一趟列车拉 2 000 t，那么我们可以将两趟列车组合

在一起发车，那么一趟列车的牵引总重就增加了一倍，达到 4 000 t，这种开行方式就是组合列车，是重载列车的一种。

我国在丰沙大铁路上试验开行组合重载列车可以追溯到 1980 年，可谓未雨绸缪。到了 1985 年，已经进行了 16 次重载牵引试验，牵引质量从 4 422 t 增加到了 8 021 t。

1984 年 11 月，铁路部门在大同—沙城—丰台—秦皇岛间首次开行由两列普通货物列车合并的重载列车，随后于 1985 年 3 月开行了大同—秦皇岛的组合式重载列车，列车总重 7 400 t，采用两台机车牵引。在之后两年内，济南、郑州、上海和沈阳铁路部门纷纷开行了组合式重载列车。

小贴士：重载列车运输方式

单元式重载列车——以固定的机车车辆组合成一个运输单元，在装车站和卸车站之间循环运行，中间不经过解体和重新编组。主要特点是列车固定编组，货物品种单一，运量大而集中，列车在装车地和卸车地之间循环往返运行。这种重载运输方式目前运用范围最广，经济效益也最显著。

整列式重载列车——由挂在头部的一台机车或者多台机车联合牵引，牵引的货车也五花八门，中间需要解体和重新编组。列车由不同型式和载重的货车混合编组，达到规定重载重量标准。特点是车种车型不限、货物品种多样，其组织方法与普通货物列车类似，在运输途中可以根据实际需要进行改编，因此具有更大的通用性。

组合式重载列车——由两列及以上的同类货物列车首尾衔接，组合成一个整列，牵引机车位于列车的头部和中间。这种类型的重载列车不要求固定机车车辆，也不要求单一货主，更不要求用同一种车型装载同一种货物。列车可以在装卸车地进行组织，也可以在技术作业站进行编组。

2.2.2 历史选择了大秦铁路

在既有铁路上开行重载组合列车是一种技术升级措施，局限于既有铁路的线路条件和设备水平，最多只能开行总重 10 000 t 的重载列车，想要组织开行 2 万 t 或者 2 万 t 以上的重载列车就勉为其难了。因此，为了最大限度发掘线路的运输能力，提高单列火车的载重量和全线的运输量，修建专门的重载货运铁路是一个合适的选择。

大秦铁路（如图 2.1 所示）运煤专线就是在这种背景下诞生的。大秦铁路，当仁不让稳坐中国重载铁路头把交椅。它的建成对国计民生意义重大。陕西、山西、内蒙的优质煤炭，就是通过这条铁路大动脉，源源不断地输送到秦皇岛港，为全国 26 个省市自治区、国家六大电网、五大发电集团、十大钢铁公司、上万家工矿企业提供燃料，被称为“中华第一路”。大秦铁路到底有多重要呢？有专家说，大秦铁路只要咳嗽一下，很多企业、电厂和钢厂都要患感冒。

图 2.1　大秦铁路

从 20 世纪 80 年代开始，大秦铁路的蓝图就开始绘制了。这条铁路全长 653 km，纵贯山西、河北、北京、天津，是中国西煤东运的第一条北方大通道，也是我国自行设计和新建的第一条双线电气化重载单元列车运煤专线，主要承担晋北、内蒙西部和陕北的煤炭外运任务。

大秦铁路于 1985 年开工，1988 年 12 月 28 日完成第一期工程，1992 年 12 月 31 日全线试运开通。早期主要开行 5 000 t 级重载列车，年运量较少。为了缓和铁路运输的紧张情况，大秦铁路在 2002 年进行了第一次扩能改造，2003 年 9 月正式开行单元万吨重载列车，2004 年组织开行 1 万 t 组合重载列车，2006 年 3 月开行 2 万 t 组合列车。2008 年起大秦铁路进行了第二次扩能改造，2014 年的运量达到了 4.5 亿 t。2014 年 4 月 2 日，中国第一列牵引总重超过 3 万 t、全长共 3 971 m 的重载列车在大秦铁路上试验运行成功，成为中国重载运输上的一个重要里程碑。2018 年大秦铁路的年运量达到 4.51 亿 t。

延伸阅读：大秦铁路与人们日常生产生活有着怎样的联系

最直接的体现就是惠及万家灯火。北京市供电部门的工作人员有过这样一个说法：首都城镇居民家庭每三盏电灯中，至少有一盏是靠大秦铁路输送的电煤发电点亮的。在2008年初，一场罕见的冰冻雨雪灾害侵袭了大半个中国，亿万人民群众生产生活受到严重影响。大秦铁路通过科学调度、深挖潜力、增加运量，为保障万家灯火作出巨大贡献。当时，大秦铁路日运量首次突破100万t，并连续20天日均保持在100万t以上，有力地缓解了南方雨雪冰冻灾害造成的煤炭紧张局面。

2.2.3 跨世纪工程之西煤东运第二大通道

大秦铁路的通车开启了我国重载铁路运输的新纪元，但随着20世纪90年代我国经济快速发展，它已不能完全满足华东和华南地区的工业发展需求，急需新增一条西煤东运大通道。这时，西煤东运第二大通道与长江三峡、南水北调等一系列跨世纪工程应势而生。

2000年5月18日，沿着北纬38°线，一条钢铁巨龙从晋北高原穿越太行山脉“飞腾”而来，连亘华北平原东达渤海之滨，蜿蜒在中国西煤东运黄金通道上，联通了西部煤田的大漠孤烟和东部沿海的万家灯火——它就是国家能源集团朔黄铁路。图2.2所示为朔黄铁路神肃段开通典礼。

图2.2　2000年5月18日朔黄铁路神肃段开通典礼在肃宁北站举行

朔黄铁路作为西煤东运第二大通道的重要部分，曾经列入党的十四大报告中，因此又有“世纪工程”的美誉。朔黄铁路起自山西朔州，东至河北黄骅港，北与天津市神港站相连，正线全长 598 km，双线电气化铁路干线。2002 年 11 月 1 日，朔黄铁路电气化全线通车（如图 2.3 所示）。陕西、山西和内蒙的煤炭，源源不断地通过这条重载铁路送往黄骅港口。朔州方向还有神朔（神木至朔州）铁路线路衔接，相当于为朔黄铁路“输血”的干线铁路，其触角一直延伸到神府东胜煤田的腹地。

图 2.3　2002 年 11 月 1 日朔黄铁路电气化全线通车

朔黄铁路架百米高桥，凿十里长隧，建万吨车站，扩下海通道，开行万吨重载列车，成为可与大秦铁路相媲美的国家重要的能源运输大通道，也是国家能源集团矿、路、港、电、航、油一体化工程的重要组成部分。在 20 年的时间里，国家能源集团依托朔黄铁路不断探索和应用重载新技术，使得朔黄铁路的列车总重提升到 1 万 t，截至 2020 年 5 月 18 日，朔黄铁路累计运送煤炭等货物 33.86 亿 t，实现连续安全生产无任何责任铁路交通事故 7 306 d。

朔黄铁路开通 6 年，年运量便突破了 1 亿 t，通过不断技术升级和线路改造之后，其运量逐年增加。除了大宗货物煤炭之外，朔黄铁路还承运矿粉、砂石料等短途运输。

2006 年 12 月 26 日，朔黄铁路所属黄万铁路（黄骅港至万家码头）开通运营，天津港便承接了朔黄铁路部分煤炭的下海功能。2009 年 10 月 15 日，朔黄铁路开行首列万吨组合列车，正式跨入重载铁路运输的行列。2013 年 6 月 18 日，朔黄铁路完成了线路“输血”设备的改造，对 13 个车站进行扩能改建，全线能够办理万吨列车作业的车站增至 10 个，接车能力大幅提升。同年 11 月 6 日，朔黄铁路年运量首次突破 2 亿 t。2016 年 3 月 9 日，朔黄铁路成功开行 2 万 t 重载列车，采用了 2 台神华号大功率交流机车牵引，216 辆 C80 编组，列车总重 21 600 t，总长 2 662 m。2020 年 3 月 9 日，朔黄铁路 2 万 t 重载列车常态化安全开行四周年，累计承担煤炭运输任务达 4.59 亿 t。

朔黄铁路运能和运量不断增加，与持续推动技术革新是密不可分的。从开行万吨重载列车伊始，朔黄铁路就始终瞄准世界重载铁路发展前沿，力争以科技水平的提升增强安全保障能力，降低员工的劳动强度，提高劳动生产率。朔黄铁路也成了我国重载铁路技术的试验场，依托朔黄铁路开展的科技攻关也是成就斐然，取得了一批在行业内比较有影响力的科技成果。比如完成了国家科技支撑计划“轴重 30 t 以上煤炭运输重载铁路关键技术与核心装备研制”项目，形成了具有自主知识产权的“神华号”大功率交流机车及载重 100 t 级的底开门车辆、重载铁路桥梁加固技术，基本掌握了 30 t 轴重重载运输技术。图 2.4 所示为 30 t 轴重重载列车在朔黄铁路黄骅南至段庄站区间运行。

图 2.4　30 t 轴重重载列车在朔黄铁路黄骅南至段庄站区间运行

2.2.4　我国新开通的重载铁路

大秦铁路、朔黄铁路分别占据我国西煤东运大通道的前两名。近年来，随着张唐铁路、瓦日铁路、浩吉铁路的陆续开通，我国重载铁路大家族不断增加新成员。那么这几条重载铁路与大秦、朔黄相比，有哪些不同呢？它们在国家交通运输中的地位到底是怎样的？

瓦日铁路全长 1 269 km，是国铁 Ⅰ 级干线，双线电气化铁路，起自山西吕梁市兴县瓦塘镇，东至山东省日照港，是连接我国东西部地区的重要煤炭资源运输通道之一，主要承担着我国山西、陕西及蒙西地区到东南地区煤炭资源输送的重要任务（如图 2.5 所示）。瓦日铁路既是我国“十一五”铁路建设重点工程，也是我国第一条按 30 t 重载铁路标准建设的铁路，设计时速 120 km，以货为主，兼顾少量客运，设计年货运量 1.7 亿 t，煤炭占了全线运输量的 90% 以上。瓦日铁路 2014 年 12 月 30 日正式建成通车，2018 年 1 月 16 日起开行万吨重载列车。

图 2.5　瓦日铁路

张唐铁路全长 528 km，设置车站 17 座，是国家一级干线，双线电气化。起自河北省张家口市境内的京包铁路孔家庄站，止于曹妃甸港内的曹妃甸北站。2015 年 12 月 30 日建成通车，年货运输送能力 2 亿 t。张家口至承德段设计时速 120 km，承德至唐山段为 160 km，以货运为主，兼顾客运。张唐铁路是继大秦铁路、朔黄铁路之后的第三条万吨级西煤东运的大通道，是国家铁路网的重要组成部分。

浩吉铁路北起内蒙古鄂尔多斯市境内的浩勒报吉南站，途经内蒙古、陕西、山西、河南、湖北、湖南、江西七省区，终到京九铁路吉安站，全长 1 813.5 km，是世界上一次性建成并开通运营里程最长的铁路，也是我国建成的第二条轴重 30 t 的重载铁路（如图 2.6 所示）。线路设计时速 120 km，为国铁Ⅰ级电气化铁路。在浩吉铁路的建设过程中“绿色钢铁巨龙”擎动“北煤南运”，向世界展示了中国智慧。浩吉铁路运用智能综合调度、智能牵引供电、基础设施智能运维、融合北斗的工务基础设施监测、智能大脑平台、综合安全大数据等多项技术，标志着我国货运铁路综合智能化关键技术取得新突破，也引领中国铁路进入新重载时代。2019 年 9 月 28 日，浩吉铁路全线通车投入运营，规划设计输送能力年 2 亿 t，建成运营初期输送能力 1 亿 t。浩吉铁路的开通为“北煤南运”这条国家战略运输通道注入力量。

图 2.6　浩吉铁路开通首发列车

2.2.5　重载铁路承载国之重托

重载铁路是国际上公认的铁路运输尖端技术之一，因运量大、效率高、能耗低、效益好等优势，代表着一个国家铁路货物运输领域的先进生产力。20 世纪中叶，重载铁路在美国、南非、澳大利亚、俄罗斯等一些国家得到发展。

我国重载铁路从诞生之日起，便注定了它不仅是运输大动脉，更承载着国家的重托。

20 世纪 80 年代初，改革开放的春风让古老的中华大地呈现出勃勃生机，我国工农业生产以新的速度迅猛发展。然而，与这种发展势头不相适应的是能源运输的紧张状况。上海、广东、江苏、浙江、四川、辽宁、吉林等多省市电厂缺煤、城市缺电，企业面临停产。

而此时，蕴含着丰富煤炭资源的“三西”（山西、陕西、蒙西）地区，开采出来的煤炭却因运力紧张，无法及时运出。当时，担负西煤外运的京包、京原、石太、太焦、同蒲等主要通道，由于各地对煤炭需求量急速上升，运力已达饱和。重载铁路开通后，犹如一条流动的乌金之河，源源不断地将三西地区的煤炭运出（如图 2.7 所示）。重载铁路的运量被称为中国经济走势的“晴雨表”。

我国重载铁路在承担起国民经济发展能源运输的同时，还在迎峰度夏、冰雪灾害、国际金融危机、抗震救灾等关键时刻，一次次担负起党和国家交给的重任。2004 年夏，由于全球气候变暖，全国各地的用电量一次次跃上红线，许多电厂煤炭告急，是借助重载铁路运输，得以将阵阵清凉送给全国人民。2008 年春节，一场特大雨雪冰冻灾害袭击我国南方大部分地区。截至

2008 年 1 月 28 日，全国 17 个省市拉闸限电，各大电厂纷纷发出煤炭储存红色预警。又是重载铁路，加大运量，在数九严寒中，将温暖送给全国人民。

图 2.7 重载铁路源源不断将三西地区煤炭运出

党的十八大以来，党中央国务院站在加强生态文明建设和生态环境保护的高度，把调整运输结构、减少公路运输量、增加铁路运输量作为打好污染防治攻坚战、打赢蓝天保卫战的重要举措，作出重大部署。国务院出台了《打赢蓝天保卫战三年行动计划》，在全国范围内实施铁路运能提升。

我国重载列车的运行全线采用了电力机车牵引，在长时间、远距离的货运过程中做到了污染零排放，能源消耗低。作为资源节约型和环境友好型运输方式，重载铁路在青山绿水间犹如“钢铁巨龙”，擎起“打好污染防治攻坚战”这面大旗，为带动地区经济发展注入绿色动力（如图 2.8 所示）。以大秦铁路为例，持续扩大煤炭运量，着力铁路运输比较优势最大化，通过压缩列车间隔时间和增开万吨、2 万 t 重载列车，使日运量平均保持在 130 万 t，这相当于每天减少约 4.3 万辆 30 t 运煤卡车对公路的污染，有力践行了新时期“绿色出行”环保发展新政策，为天蓝、地绿、水净、风清做出了重要贡献。

铁路是国家的重要基础设施，是国民经济大动脉和重要民生工程，是经济社会发展的先行官。重载运输有着载重高、自重轻、运输效率高等优点，可以充分发挥铁路在大宗物资运输中的比较优势，提高运输能力、实现规模经营、提升运输效率，降低社会运输成本。以朔黄铁路为例，设计年运输能力 1 亿 t，2020 年运量超过 2 亿 t。朔黄铁路连接神朔铁路，和黄骅港共同构成的我国西煤东运的第二大通道，不仅缓解了我国煤炭东运能力的紧张状态，而且有效地将铁运和水运的优势结合起来，大大降低了运输成本。

图 2.8　青山绿水之间的“钢铁巨龙”

随着社会经济的发展，货物运输的需求增大，铁路运能需要同步扩大，新建铁路线路周期长，投资高，增加土地的占用量。而重载运输不仅保证了全国货物需求，还可以减少新建线路，节约了大量的投资成本。比如，大秦铁路投资 92 亿元进行扩能改造，仅用 3 年多就全数收回，相当于用新建一条铁路 1/3 的投资，同时节约了 2.4 万亩土地，保护了现有耕地，满足了我国资源和能源的可持续发展，带来了巨大的社会效益。

专题：国能朔黄铁路发展有限责任公司

国能朔黄铁路发展有限责任公司主要负责运营朔黄、黄万、黄大铁路。朔黄铁路于 2000 年 5 月开通运营，现年运输能力已达 3.5 亿 t。朔黄铁路与北同蒲、京广、京九等重大干线接轨，与神朔铁路一起组成了我国西煤东运第二大通道。黄万铁路在沧州黄骅南站与朔黄铁路接轨，经黄骅市到天津市万家码头车站后，经天津地方铁路线路到达神港站，年运输能力为 4 500 万 t。黄大铁路起自朔黄铁路黄骅南站，经河北省沧州市，山东省滨州市、东营市、潍坊市，接入益（都）羊（口）铁路大家洼车站，于 2020 年底开通运营，设计年货运量近期 3 200 万 t，远期 4 700 万 t。

朔黄是国家能源集团唯独连通港口的铁路，在国家能源集团具有重要的战略地位。作为国家能源集团路网网络的主通道，朔黄铁路上游汇聚准池铁路、神朔铁路的煤炭，下游连通黄骅港、天津港、龙口港。通过其连接，国家能源集团路网实现了“多路对一路，一路对多港”的战略格局，朔黄铁路也成为国家能源集团的生命线、黄金线、创新线和绿色线。

3

多拉快跑

3.1 大力士平稳的跑道——重载线路

3.1.1 小小的两根钢轨背负万吨重担

一提起铁路，大家立刻会联想到细细长长的两条钢轨。但请不要小瞧了它，别看它又细又长，却是铁路线路的主要组成部件。在正常情况下，车轮与钢轨之间保持正常接触，钢轨会引导车轮前进（如图 3.1 所示）。同时，钢轨也直接承受着列车施加在车轮上的巨大压力和各种作用力，并将这些力分散之后传递到轨枕、道床、路基或桥梁上，起到一种缓冲作用。

图 3.1　轮轨关系

小贴士：为什么钢轨横截面呈“工”字形

从图 3.2 可以很明显看出钢轨是“工”字形的。那么为什么要做成这样呢？由于受力面积越大受到的压力就越小，所以，钢轨的顶面即轨头需要有一定的宽度来承载列车的重量。同时，因为支撑面越大，钢轨的稳定性越好，所以钢轨的底面即轨底也需要一定的宽度。加上列车车轮边缘有一定的高度，为了适应这种高度，钢轨也必须有一定的高度。于是，便成了我们看到的“工”字形钢轨。

图 3.2　钢轨”工“字形截面

重载铁路钢轨类型的选择大有学问。钢轨类型是以每延米钢轨重量来划分的。据统计，65 kg/m 钢轨较 50 kg/m 钢轨用钢量增加 30%，而列车通过总重可增加 80%，维修费用可减少 70%。这里的“65 kg/m”指的是每延米的钢轨重量是 65 kg。另据统计，钢轨每延米增加 1 kg，轨道维修工作量可减少 1.3%。国外重载线路普遍采用 60 kg/m 及以上的重型钢轨，美国 I 级铁路普遍铺设了 68 kg/m 以上的钢轨，最重达 71 kg/m；澳大利亚重载运输线路也基本铺设的 68 kg/m 钢轨；俄罗斯重载线路大多铺设了 65 kg/m 和 75 kg/m 钢轨。

小贴士：延米跟米的区别

延米，即延长米，是用于统计或描述不规则的条状或线状工程的工程计量，如管道长度、边坡长度、挖沟长度等。而延长米并没有统一的标准，不同工程和规格要分别计算才能作为工作量和结算工程款的依据。一个延米可能是 1 m，也可能是 10 m，也可能是 100 m，这要看定额，定额上说计量单位是 10 m，那么 1 个延米就是 10 m，同样，计量单位是 1 m，1 个延米就是 1 m。

为适应重载运输的发展，通过强化钢轨的材质来提高钢轨强度，延长钢轨使用寿命和减少维修工作量。钢轨钢的化学成分有铁（Fe）、碳（C）、锰（Mn）、硅（Si）、磷（P）、硫（S）、镍（Ni）等元素，其中碳对钢的性能影响最大。钢中含适量的碳，可以增加耐磨性能及硬度，但如果含碳量太高的话又会产生其他一些不利影响，故一般含碳量的极限值为 0.82%，我们把这样的钢轨称为碳素轨。

为了进一步提高钢轨的耐磨性能和强度，可以采用合金钢轨，例如在钢中增加含锰量，可以提高钢轨钢的强度和韧性。美国铁路采用降低钢轨中硫、磷的含量，进行净化、去渣和杂质的冶金处理，同时提高锰、硅、镍含量以加强其抗疲劳、耐腐蚀能力，较大幅度地提高了钢轨寿命。

此外，不断优化钢轨轨头外形也能延长其使用寿命。例如我国 75 kg/m 钢轨的轮轨接触多在轨距角处，轮轨长期在轨距角处接触，轨距角处承受大的接触应力，引起钢轨的滚动接触疲劳伤损，降低钢轨的使用寿命。因此，我国将钢轨轨头尺寸由原来的 3 段弧修改成了 4 段弧，结果明显改善了轮轨

接触关系，轮轨接触应力大幅降低。

综上所述，重载铁路应使用重型钢轨，并通过改变钢轨结构、化学成分和改进生产工艺等途径，使钢轨材质不断优化，以提高钢轨的耐磨性等指标。另外，随着线路通过总重增加，钢轨的承载能力会逐渐下降，所以在重载线路上使用一段时间性能降低的钢轨，可以经过整修铺到其他一些线路上，这些线路相对重载线路来说，列车运行速度低，载重量也较小，这样就可以合理利用旧轨变废为宝，最大限度地发挥钢轨的经济效益。

经过三十多年的发展和运营实践，我国形成了 30 t 轴重的重载铁路钢轨成套技术，钢轨重量采用 75 kg/m（如图 3.3 所示），材质分为 U75V、U78CrV 和 U77MnCr 等三种类型，钢轨轨头外形为 75 N。

图 3.3　重载铁路 75 kg/m 钢轨

3.1.2　没有缝隙的线路是怎么回事?

在了解无缝线路之前，首先让我们来认识一下什么是有缝线路。有缝线路就是钢轨之间存在“轨缝”的铁路线路。由于钢轨之间有轨缝，在轨温变化时钢轨可在一定范围进行伸缩、钢轨不会承受较大温度力，线路铺设与维修养护都较简便。因而在一些自然条件比较恶劣、速度不高的干线或重载铁路上仍可铺设有缝线路，例如举世瞩目的青藏铁路，大部分线路就采用了有缝线路的轨道结构。

有缝线路的问题也出在“轨缝”上（如图 3.4 所示）。由于轨缝的存在，列车车轮经过轨缝时会产生剧烈的冲击与振动，尤其是满载的重载列车通过时，这些冲击与振动对轮、轨造成严重破坏，减少了它们的使用寿命，增加了维修费用。因此，凡是有可能换铺成无缝线路的重载铁路都应逐步减少有缝线路的比重。

图 3.4　有缝线路的“轨缝”

“轨缝”对行车不利，加重了对机车车辆和轨道结构的破坏。为减少轨缝的数量，则必须增加标准短轨的定长，钢轨长度越长、轨缝数量越少，因此，“无缝线路”诞生了。

无缝线路是把普通 25 m 长的钢轨一根接一根地焊接在一起构成的线路，因此无缝线路又称为焊接长钢轨线路。当然，无缝线路并不是一个轨缝都没有。所谓“无缝”是指在一定的区间内没有钢轨接头，并不是无限延伸的。无缝线路焊接的长度短的有几百米，长的有几千米。随着科学技术的不断发展，无缝线路的长度也在逐渐延长，并发展形成跨区间无缝线路。我国京沪高铁全线都做成了超长跨区间无缝线路，意味着铺设了两根长 1 318 km 的长钢轨（如图 3.5 所示）。

一般普通无缝线路铺设分为固定区、伸缩区和缓冲区三部分。固定区的线路全部被锁定，伸缩区留有一些轨缝，满足钢轨热胀冷缩的需要，缓冲区是无缝线路向有缝线路的过渡区段。

为提高线路稳定性、平顺性，在重载铁路线路上铺设无缝钢轨符合重载运输发展的需要，美国、加拿大、澳大利亚、南非等国家在重载线路上均采用无缝线路，我国重载线路也采用了 75 kg/m 的无缝钢轨。这样不仅强化了轨道结构，而且最大限度地消除了钢轨接头，保障了线路的平顺性和列车运行的稳定性与安全性。研究表明，采用无缝钢轨线路后，因钢轨接头大量减少，列车运行阻力约降低 6%，钢轨使用寿命延长 25% 以上，减少线路 25% 的维修工作量和材料消耗，并减少 20% 的机车维修费用。

图 3.5　京沪高铁无缝线路

延伸阅读：世界各国无缝线路的发展

无缝线路既是轨道结构技术进步的重要标志，也是当今世界高速、重载铁路轨道结构的最佳选择，它以无可争议的优越性，得到世界各国铁路的承认。

德国是最早采用无缝线路的国家，1926 年铺设了一条 120 m 长的试验轨道，1935 年又铺设了 1 km 长的一段试验轨道，并在 1945 年做出了无缝线路为标准线路的规定。至 20 世纪 80 年代，无缝线路里程达到了 73 900 km，占线路总里程的 85%，并有 79% 的道岔焊成了无缝道岔。

美国在 1933 年开始铺设无缝线路，至 1936 年，约铺设了 170 km，以后发展缓慢。至 1970 年，美国的无缝线路里程达 53 200 km，以后每年以 8 000 km 递增。至 20 世纪 80 年代，美国铁路无缝线路里程达 11 6200 km，是全世界铺设无缝线路最多的国家。

1935 年苏联在莫斯科郊外的车站铺设了一段 600 m 的无缝线路。由于其国土大部分地区的温差较大，最大轨道温差达 119 ℃，影响了无缝线路的发展，直到 1956 年才正式开始铺设无缝线路。

法国也是无缝线路发展较早的国家。在1949年前后，法国进行了大量的铺设试验。至1970年，无缝线路总里程达12 900 km，并以每年660 km速度递增。至20世纪80年代，无缝线路铺设里程达22 000 km。

日本在修建东海道新干线时采用50 kg/m钢轨的无缝线路，后来换铺成60 kg/m钢轨的无缝线路。

3.1.3 道岔是大力士变道的开关

如果说整个铁路是一张密布的大网，那么从网上的一个点顺着线路就可以到达另一个点，这样就可以实现旅客及货物的运输了。但有时候两点之间顺着一条线并不能直接到达，需要大力士在途中变道。怎么才能实现在不同线路之间变道呢？秘密武器就是道岔。道岔是铁路线路转换的连接设备。通常情况下，线路之间的连接越多、连接点越密集，铁路道岔连接部分的曲线也越复杂，而此处往往也是铁路列车运行安全事故的高发地带。而且道岔的存在会使线路变的不太平整，由于列车在通过道岔时会产生一些附加的动力作用，这就会造成道岔零部件损坏，影响列车运行速度，因此，道岔也是铁路线路的薄弱环节之一。

常见的道岔种类有单开道岔、三开道岔、交叉道岔、交分道岔和渡线道岔等。图3.6所示为普通单开道岔。

图3.6 单开道岔

小贴士：单开道岔的组成

单开道岔由三大部分组成：转辙器部分、辙叉部分和连接部分。转辙器又包括基本轨、尖轨、转辙机等部件，由转辙机带动尖轨在直向和侧向两个位置来回转换，引导机车车辆直向通过或进入另一股道。图 3.7 所示为旧式铁路道岔转辙机械。尖轨是转辙器的一个关键部件，它的形状很像一把细长的剑，是用普通钢轨或特种断面钢轨刨削而成的。辙叉主要由叉心轨、翼轨、护轨和连接零件组成。连接部分是转辙器和辙叉之间的连接线路，包括直线股道连接线和曲线股道连接线。

图 3.7　旧式道岔转辙机械

既然道岔是铁路线路的薄弱环节，那么我们的“巨无霸”重载列车那沉甸甸的重量肯定会对道岔产生一定的影响，让道岔发生磨损。所以近年来，为了适应重载运输给道岔带来的新问题，我国从道岔的材质、结构设计等方面对重载铁路线路道岔进行了改进，下面简单介绍两个方面。

1. 道岔轨型

重载铁路使用的道岔应当与区间线路技术标准相适应，即钢轨类型等标准与区间线路一致。假设一条重载铁路每年通过线路的客货总重大于 6 000 万 t，需要铺设 75 kg/m 钢轨，那么就应当使用 75 kg/m 钢轨道岔。

2. 辙叉号码

说到辙叉号码，可大有学问。辙叉号码代表了道岔各部分的主要尺寸，我们通常用辙叉角的余切值来表示。辙叉角是什么呢？其实很简单，道岔叉心所形成的角，就是辙叉角，如图 3.8 所示。目前我国重载铁路主要有三种型号的道岔，其中 9 号道岔辙叉角为 6° 20′ 25″；12 号道岔辙叉角为 4° 45′ 49″；18 号道岔辙叉角为 3° 10′ 47.37″。

单开道岔的辙叉号码选择是根据运输条件及线路上允许通过道岔的速度确定的，辙叉号码越大，允许的侧向过岔速度就越高。我国重载铁路目前普遍使用的道岔多为 9 号、12 号和 18 号。所以在重载铁路上应当铺设 12 号及其以上的道岔，以提高重载列车侧向通过速度，提高运输能力。

图 3.8 道岔辙叉角

由此可以得知，重载线路的道岔设计，其实就是钢轨类型和辙叉号码的选择，选择的标准则应当与重载铁路线路技术标准相适应。

近年来，针对重载运输实际，我国还研发推广了重载道岔技术，包括适用于 30 t 轴重 60 kg/m 的 12 号、18 号道岔和 75 kg/m 的 12 号（见视频 3.1）、18 号道岔。图 3.9 所示为我国重载铁路道岔。

视频 3.1 75 kg/m 的 12 号道岔

图 3.9 重载铁路道岔

3.1.4 路基是大力士线路坚实平稳的床

宋代理学家朱熹曾告诫他的学生，“学者之患，在于好谈高妙，而自己脚跟却不点地”。说明了注重基础的重要性。重载铁路线路也需要“基础”，这个“基础”就是路基。说到重载铁路线路，最先想到的就是轨道。但是铁路线路纵横千万里，各地区的土壤条件、地形又不同，不可能将轨道直接铺在地面上，那么如何保证我们的重载列车安全平稳地运行呢？此时就需要路基的帮忙。

路基的外表看上去只是一座形状规则的土堆，似乎没有什么技术性。其实这种看法是错误的，在历史上，由于各国铁路的某些地段不重视路基的设计，以及对路基认识不深，不仅浪费了大量资金，还导致了不计其数的事故，付出了惨痛的教训。所谓“基础不牢，地动山摇”。因为路基是轨道以及整个铁路线路的基础，如果路基不稳定，便无法保障铁路运输最基本的安全。

从结构上看，路基主要包括三个部分，分别是路基本体、路基排水设备和路基防护与加固设备。路基的排水和防护加固设备都是为保护路基本体而设置的，称之为路基的附属设备。

路基本体是路基的主体部分，有两种基本形式：路堤和路堑（如图 3.10 和图 3.11 所示）。填高为路堤，开挖为路堑。路堤的填筑材料主要是天然土、块石，而路堑则是直接从天然地层中挖出来的，都必须满足承载能力要求，否则就需要进行加固处理。由此我们可以看出，路基本体能够直接支承轨道，从而承受列车通过轨道时的全部重量。

图 3.10　铁路路堤

图 3.11　铁路路堑

要想路基不被雨水或者洪水侵蚀，就必须设置排水设备，将位于路基表面的积水迅速排除，以保持路基的稳定性，否则久而久之就会造成翻浆冒泥，对路基本体造成很大的破坏。路基的排水设备，分为地面排水设备和地下排水设备两大类。地面排水设备可以将积在路基范围以内的地面水迅速排除到路基以外，并防止路基以外的水流入路基范围内，有效保护路基土层，大大增加了铁路运输的安全性。常见的地面排水设备有侧沟、排水沟（如图 3.12 所示）、天沟等。地下排水设备修建于路基地下，用来引出地下水或降低地下水位，使路基及边坡保持干燥状态，提升土的稳固能力。

图 3.12　排水沟

路基防护与加固设备，通俗点来讲就是为保护路基而设置的，主要有：坡面防护设备（如图 3.13 所示），用来保护易受自然作用破坏而出现变形的土坡；支撑加固设备，用来支撑加固路基本体，以保证其稳固性；防沙、防雪设施，用来防止风沙、风雪掩埋路基等。

图 3.13　铁路路基防护边坡

对于既有线铁路来说，由于路基状态变化而导致铁路线路运行状态恶化的现象普遍存在，主要表现在影响列车运行的安全性、平稳性和舒适性，这种情况在客货运量大的铁路尤为突出。

对于重载铁路而言，对路基功能要求只会更高，需要重点解决以下两个方面问题：

1. 防止路基变形

重载铁路路基，由于承载着比普通铁路路基更大的荷载，所以对其强度和稳定性要求更高，一定要保证其坚固和稳定性，尤其不能出现由于外力破坏而导致的路基变形。

各个国家都为防止路基变形而做出过努力，例如采取了加强路基防水排水处理和加宽路肩等措施。俄罗斯还采用了合成高科技材料制成的路基防护加固设施，进一步改善了线路基础的性能，提高了路基的稳固性。

2. 保证基床强度

我们既然将路基比喻成线路坚实平稳的床，那这个比喻是从何而来呢？原来工程技术人员习惯把路基面以下 1.2 m 的土层叫做基床，这才是“床”的比喻来源。和普通线路相比，重载铁路的路基基床承受着更大的压力与重量，因此，为保证在重载列车压力作用下不发生各种基床的变形和损坏，就需要对路基基床，特别是基床表层有更高的技术要求，路基的基床要拥有足够的强度，比如基床必须有适应的土质、足够的承载力和一定抗冻能力。

另外，基床必须具备良好的排水和防水系统，以提高基床的稳固性，保持足够的强度。这是已经被国内外许多理论研究和工程实践所证实的一个可行性方案。

延伸阅读：盐渍土上也能修建重载铁路

朔黄铁路东段工程位于华北平原东北部，西自太师庄出站，经河北省河间市、沧州市、黄骅市至黄骅港站全长 166.69 km，沿线所经地貌单元按成因可分为冲洪积平原、冲积平原、滨海平原、滨海洼地。地形平坦开阔，地面坡度小于 1/5 000，多辟为耕地和盐田。其中至终点黄骅港站有 24.686 km 线路需要经过盐渍土地区。离海边越近，易溶盐含量越高。毛细水强烈上升高度为 2.20~3.25 m，具有吸湿、松胀、溶失等特性，影响路基稳定，并对建筑物有腐蚀作用。为此，朔黄铁路公司通过大量试验研究，科技攻关，建立了一种软土—盐渍土条件下重载铁路路基的设计和施工方法，创造了盐渍土半封闭路基修建技术，并申请了专项技术。该技术为重载铁路通过盐池利用盐渍土修筑路基开创了先例。

3.1.5 桥隧是穿山越岭飞跃江河的神器

在重载铁路中，桥梁和隧道在线路全线占有很大比重。比如朔黄铁路由于线路地形复杂，共修建隧道 77 座，总长 66 km，最长隧道 12.8 km，桥梁 400 余座，总长 94 km（图 3.14 所示为重载列车行进在大桥之上，图 3.15 所示为黄大铁路桥梁铺架现场，图 3.16 和图 3.17 分别为朔黄铁路长梁山隧道施工现场和建设外景）。神朔铁路共有 249 座桥梁、61 座隧道，桥隧占线路总长约 20%。大秦铁路地形同样复杂，全长 8 460 m 的军都山隧道是当时我国第 2 座长大双线隧道，还有全长 5 058 m 的白家湾隧道、全长 3 760 m 的景忠山隧道、全长 3 741 m 的花果山隧道、全长 3 333 m 的大团尖隧道、全长 3 284 m 的河南寺隧道等，另外还有多个 3 000 m 以下的隧道。正是因为有了这些桥梁和隧道，我们的重载列车才能穿山越岭、飞跃江河，极大地缩短了运输距离。

图 3.14　重载列车行进在大桥之上

图 3.15　黄大铁路架桥机正在进行桥梁铺架

图 3.16　长梁山隧道施工现场

图 3.17　长梁山隧道建设外景

在重载铁路上，巨无霸重载列车来回穿梭，久而久之势必会对桥梁设备的承载能力和寿命造成很大的影响，那么同样也会对隧道内结构产生一定的影响。

由于我国重载列车运行密度大，如果想要提高重载列车的牵引质量，就必须强化重载铁路的桥梁以及隧道的承载能力，对重载铁路的桥隧技术标准提出更高的要求。

1. 重载运输对桥梁的影响

铁路桥梁是铁路跨越河流、湖泊、海峡、山谷或其他障碍物，以及为实现铁路线路之间或者铁路线路与道路立体交叉而修建的构筑物。与普通线路的桥梁不同，重载线路上的铁路桥要通过重达 200 多 t 的机车和上万吨的重载列车，因此重载铁路对桥梁承载能力有更高要求。

与重载铁路对路基的影响类似，由于桥梁结构的特殊性，其受到的影响比路基更大。因此一旦桥梁结构的强度、稳定性及安全储备下降，那么使用寿命也会随之缩短。随着列车牵引吨数的提高，桥梁使用条件会进一步恶化。

基于以上原因，重载铁路发达的国家都制订了较高的桥梁设计与建造技术标准，并对桥梁运营状态有成熟的检测、评估与强化技术，为确保桥梁使用安全、耐久，同时针对桥梁老化和功能退化加速的实际情况，研制了先进的检测设备和强化措施，定期进行桥梁状态的检测与评估，以保证铁路的运营安全。

延伸阅读：中国铁路桥梁的发展

中国最早的铁路桥梁要追溯到 19 世纪 70 年代修筑的吴淞（上海至吴淞口）铁路。因当地河网密布，短短十几公里的铁路修建了中小桥梁十余座，其中最大的是长约 50 m 左右的吴淞蕴藻浜桥。1887 年，中国人自主修筑的第一条铁路唐胥铁路（唐山至胥各庄）向西延伸时，在茶淀与汉沽间的蓟运河上修建了长 173.72 m、具有近代建筑水平的铁路钢桥——蓟运河桥。此桥经过多次改造，直到今天仍在使用，它可以算为中国铁路历史最悠久的钢桥。从 1881 年唐胥铁路建成到今天，中国共修建了 4 万余座铁路桥梁，其中 1984 到 1995 年的 10 年里就修建了 6 259 座。截止到 2019 年底，我国修建高铁桥梁就多达 3 万余座，总里程超过 1.6 万 km，堪称桥梁建设史上的奇迹。

2. 重载运输对隧道的影响

随着重载列车重量增大、运输密度加大，隧道基底结构承受的压力作用加大，荷载和频次加大，加之隧道多处于复杂水文地质环境，增加了病害发生几率，在这种情况下就会使隧道底部出现基底开裂、破损、下陷、向两侧外挤以及翻浆冒泥等现象，导致隧道使用寿命缩短，结构强度、刚度等方面安全性下降。

小贴士：翻浆冒泥有多严重

翻浆冒泥是路基基床土受水浸湿软化，在列车动荷载作用下，以泥浆形态挤入道床并向上冒出的基床变形现象，导致泥浆脏污道砟，道床失去承载能力，轨道不平顺，从而影响线路的稳定性。

此外，列车通过隧道时会产生巨大的压力或气流（也称“隧道风”），会使得装载散装煤炭类货物的重载列车在通过隧道时扬起大量粉尘，使整个隧道空间处于浑浊状态，导致洞内线路粉尘堆积，接触网被污染，不但不利于列车乘务人员和沿线铁路职工的身心健康，而且还会给隧道线路养护维修作业造成诸多困难，更甚至可能危害列车运行安全。因此，隧道内部的除尘清扫就显得尤为重要。我国朔黄铁路纯吸式清扫车，采用负压吸通式输送技术，配备可伸缩吸嘴及大容量储运箱，这样就能较好解决隧道除尘清扫问题（如图 3.18 所示）。

图 3.18　清扫车

延伸阅读：我国隧道建设史上的奇迹——长梁山铁道隧道

长梁山隧道位于山西省宁武县与原平县交界处，全长 12.78 km，是我国继大瑶山隧道之后的第二条长大电气化铁路双线隧道，也是朔黄铁路这条西煤东调、南煤北运大动脉上的“咽喉”工程。该隧道不仅施工距离长、断面大，而且地质情况极为复杂。广大建设参与者发扬科技创新加顽强拼搏的精神，仅用了 49 个月、耗资 7 亿元就打通了长梁山，创造了中国隧道建设史上的奇迹，而使用世界先进施工机械的德国公司当年竞标时的标的是 75 个月工期、14 亿元投资。

长梁山隧道工程先后取得了“软弱围岩所占比例最高”“斜井担负正洞施工长度最长”“双线隧道斜井单口单面月开挖进尺最高”“机械化配套现代化程度最高”“全封闭帷幕注浆长度最长”“工序循环时间最短”等六项全国之最。

3.1.6 限制坡度影响着大力士的牵引质量

在铁路线路中，经常会有某一段线路有长大陡坡的情况，坡度越陡，列车爬坡就越困难。这种陡坡对于机车的牵引能力、列车的载运质量、车辆的制动能力等都提出了很高要求，使得这个陡坡路段成为困难路段，也可能成为该段线路的限制瓶颈。因此，这个陡坡的坡度就被冠以一个非常形象的名字——“限制坡度”。

关于限制坡度概念，其实很好理解，我们可以拿小朋友玩的遥控车做比喻。遥控车如果在行驶过程中遇到一个很陡的陡坡，那么它的速度肯定会变慢，如果再给车上加放一块石头的话，即使我们把油门轰到最大，小车可能爬到一半也就走不动了。那么重载铁路的限制坡度对列车运行的影响也是类似的道理。

我们的大力士重载列车拉着几千吨甚至上万吨的货物，如果遇到一个很陡的坡，那么它很可能也会爬不上坡顶而半途停下。因此，从线路设计之初，铁路部门就应该提前考虑，在这条重载铁路线路上所设计的最陡的坡，应该能够让重载列车以规定速度爬得上去，这个全线上最陡坡的坡度就叫作“限制坡度”。

很显然，限制坡度与机车牵引功率、列车牵引质量密切相关，在机车牵引功率一定的条件下，限制坡度的大小不仅决定了列车牵引质量，而且在地形困难条件下，对基本建设投资、列车速度以及运营费用支出等也有直接影响。最合理的限制坡度应该体现在保证最大运输量的基础上，使得工程投资、运营维修等综合费用最低。

铁路部门是怎么考虑这个合理的限制坡度的呢？研究人员采用模拟计算程序，对相同地区不同极限坡度、不同运量进行反复计算比较，当铁路运量大时，选择较小的限制坡度，可取得较好经济效益，运输成本较低；当铁路运量小时，选择较大的限制坡度，可大量减少基建投资，取得较好经济效益。模拟计算只是模拟一般的情况，实际修建铁路，要具体情况具体分析。当选用较大限制坡度时，采用多机牵引（使用两台或以上的机车，在列车头部牵引列车或在列车尾部推送列车）能够提高列车通过较长坡段时的牵引动力和列车载运能力，但是这不是长久之计，条件允许的情况下，尽量采用合理的限制坡度，必要时加大对线路的基建投资。因为限制坡度选用不恰当的话，将会增大长期运营费用的支出，影响经济效益。

从北美、澳大利亚、巴西、南非、俄罗斯等国的重载铁路来看，重载线路限制坡度的确定不但要满足重载运输要求，还要考虑结合地形条件进行选择。有两种选择方法：其一是尽可能使用一种限制坡度，以便减少土建工程量和基建投资；其二是仅在不可避免的地方，有限地采用限制坡度，同时衡量运量增大后对运输能力、运营费用、列车牵引质量和速度、轨道设备使用寿命等的影响。后一种方案是目前最合理的选择限制坡度的做法。另外，随着近年来车辆设计和制造技术的不断发展，车辆制动技术不断提升，重载列车的制动条件也越来越成为选择限制坡度的重要因素，逐步纳入限制坡度选择的考虑范围。

我国朔黄铁路横跨晋中北部中低山区、滹沱河峡谷、太行山东麓低山丘陵地区，神池南到西柏坡间地势较陡，属于山区线路，而西柏坡到黄骅港地势则相对平坦。图 3.19 所示为朔黄铁路重载列车穿越太行山区。神池南至西柏坡间曲线较多，线路坡度最大达 12‰（这个数越大表示坡越陡），西柏坡至黄骅港口坡度为 4‰，全线无过陡的坡。神朔铁路最大限制坡度达到 12‰。包神铁路最大限制坡度为 9‰。

图 3.19　朔黄铁路重载列车穿越太行山

3.1.7 曲线半径是大力士速度高低的关键

铁路线路那么长，又要爬山涉水，不可能在一马平川的直线行驶，肯定会有一些弯道，曲线半径就代表了线路途经弯道的大小。有开车经验的朋友都知道，过弯时行驶速度一定要慢，不然很可能会发生侧翻的危险，小小的一辆汽车尚且如此，我们装几千吨、上万吨货物的大力士通过弯道的时候更要小心（图 3.20 所示为重载列车通过曲线路段）！如果曲线半径太小，而重载列车速度过快的话，列车会产生巨大的惯性，就有可能造成脱轨的事故，这是十分危险的。

但这并不是说曲线半径越大越好，当曲线半径较大时，虽然有利于提高列车运行速度和改善运行状况，但线路长度也会随之增加，这样很可能会增加桥梁、隧道和路基工程数量，并增大工程费用和建设投资，是十分不经济的。另外，受限于复杂的地质地形条件，有时无法保证足够大的曲线半径。重载铁路的通过总重量大，列车平均重量也大，曲线半径对钢轨磨耗和养护维修的影响大于普通线路，因此曲线半径的选择应充分考虑重载铁路钢轨磨耗与养护维修的关系。其次，为保证机车车辆在曲线上的运行安全，使得轮轨间正常接触，车辆上所受的力应保持在安全范围内，简单来说就是列车运行速度也不能过快。

图 3.20　重载列车通过曲线路段

可以看出，重载铁路线路选择曲线半径需要充分考虑重载铁路运输的特点，再进一步结合地形、列车运行速度、养护维修和运行安全等条件，通过技术经济比选来确定合适的范围。例如，朔黄铁路 41% 的线路位于地形复杂的山区，弯道陡坡众多，最小弯道曲线半径只设计为 400 m。

3.2 大力士的超级引擎——重载机车

3.2.1 不可或缺的内燃机车

重载列车装了那么多货物，是如何跑起来的呢？俗话说，火车跑得快，全靠车头带。这个车头就是铁路机车，重载列车能够负重在钢轨上奔驰正是重载机车在牵引。

重载机车目前主要包括内燃机车和电力机车两种。内燃机车是以内燃机作为原动力，通过传动装置驱动车轮的机车，根据机车上内燃机的种类又可以分为柴油机车和燃气轮机车，其中柴油机车使用最为广泛。

内燃机车类型有很多，但工作原理实质上是一样的，就是柴油在汽缸内燃烧产生的高温高压气体在汽缸内膨胀，推动活塞往复运动，连杆带动曲轴旋转对外做功，再通过传动装置转换为适合机车牵引特性要求的机械能，最后通过走行部驱动机车动轮在轨道上转动。图 3.21 所示为东风 8D 型内燃机车。

图 3.21　东风 8D 型内燃机车

小贴士：柴油机中的活塞和曲轴是什么？

活塞是柴油机汽缸体中作往复运动的部件，承受汽缸中的燃烧压力，并将此力传给曲轴。活塞直接与高温气体接触，受热严重，而散热条件又很差，因此要求活塞要有良好的导热性，能够耐高温、高压、腐蚀，有充分的散热能力。

曲轴是柴油机中最重要的部件。它承受柴油机活塞传来的力，并驱动柴油机上其他附件工作。曲轴要有足够的强度和刚度。

由于内燃机车一般使用柴油作为燃料，运行过程中会产生大量有害废气，对大气环境造成污染，同时柴油机工作时还会产生巨大噪声污染，为此，电力机车因其低噪声、无废气排放、爬坡能力强等优点得到了大力发展。但需要指出的是，内燃机车并非一无是处，它可以自己携带燃料，在没有外部动力的情况下运行，抗自然灾害能力也优于电力机车，因此，内燃机车是一种不可或缺的牵引车辆，电力机车也可能完全取代内燃机车。例如，2020 年 11 月，我国北方地区大范围降雪，部分区段铁路电网无法正常供电，导致以电力机车牵引的列车无法正常运行，铁路部门紧急调用内燃机车进行救援，将列车牵引至可正常供电的区段，再由电力机车继续牵引。

目前，除美国、加拿大、澳大利亚等国家重载铁路运输采用大功率内燃机车牵引外，大多数国家以电力机车为主。我国重载铁路运输基本上采用了电力机车，但保有部分内燃机车。图 3.22 所示为东风 4 型内燃机车。

图 3.22　东风 4 型内燃机车

3.2.2 内燃机车如何减少能耗?

内燃机车柴油机结构相对简单，操纵较为方便，机动性好，适应性强，这些都是其他装置无法比拟的。但柴油机受到石油资源储量及其燃烧产物中有害排放物质的制约，发展面临着严峻地挑战。而且，随着人们对生产的高效性、运输的快捷性及运用的安全性等要求的进一步提高，相应地在柴油机的节能、强化以及可靠性等方面都提出了新的要求。图 3.23 所示为我国 20 世纪 80 年代初引进的美国 GE 公司制造的 ND5 型内燃机车。根据运用部门实际使用经验，普遍认为 ND5 型机车耗油低但牵引力大，一台 ND5 型机车的万 tkm 燃油消耗量比东风 4 型、东风 4B 型机车低大约 20%，牵引能力相当于 1.25～1.4 台东风 4 型机车。当年我国选择丰沙大铁路、京秦铁路为试点，开始组合重载列车时，就是使用的两台 ND5 型机车（其中一台位于列车中部）牵引总重 7 400 t 的组合重载列车由大同直达秦皇岛。

图 3.23 美国 GE 公司制造的 ND5 型内燃机车

重载内燃机车牵引质量大，燃油消耗相应也大，因此应当采用先进的节油降耗技术，这样可以提高机车利用效率，以便更好地适应重载运输的发展。如何降低有效燃油消耗呢？一般来说主要有两个基本途径，即提高燃烧的有效性和机械效率。

那么怎么提高柴油燃烧的有效性呢？其实跟我们平时生火的原理一样，一要让火生得快，二要减少散热的损失。柴油机让火生得快主要有三种方法，就是要有正常的着火条件、要掌握理想的喷油规律，还要有恰当的喷油时间。减少散热主要是采用特殊的方法对部分热量进行回收，或者使用特殊的材质如使用陶瓷使柴油机的发动机绝热。

提高机械效率就比较专业了，我们都知道柴油机燃烧的热量会转化为车轮的动力，能够让其在钢轨上飞驰。但是问题的关键是，并不是所有的热量都能百分之百转化为动力，这里面不可避免会有部分损失，提高机械效率的主要目的，就是为了让尽可能多的热量都转化为动力。

俗话说得好“工欲善其事，必先利其器”，先进的重载内燃机车上均采用“柴油机泵管嘴式电子控制喷射系统”，这个装备对降低柴油机燃油消耗和排放有良好的效果。如美国 GM–EMD 公司的 16–854H 型柴油机燃油消耗率 199.5 g/（kW·h）、美国 GE 公司 GEVO12 柴油机为 198 g/（kW·h）、美国 Cat 公司 Cat3616 柴油机为 198 g/（kW·h）。

3.2.3 大功率电力机车动力足无污染

事实上，电力机车是第二次工业革命的产物，但直到第三次工业革命后才有了超大规模的发展，成为现代火车的主力军。

那么电力机车的工作原理是什么呢?

其实电力机车本身是没有动力装置的，那么它的动力究竟是从何而来呢?不知道大家在平时坐火车途中，有没有发现离列车顶部不远的地方有一些电线，你看到的叫作铁路接触网（如图 3.24 所示），也就是电力机车的动力来源。电力机车直接从接触网获取电能，通过机车上的牵引电动机将电能转化为机械能，也就是车轮的动力。

图 3.24　铁路接触网

电力机车具有功率大、速度快、过载能力强、自身负重低、牵引力和加速度大、整备作业时间短、维修量少、能源利用率高、运营费用低、便于实现多机牵引、能采用再生制动以及清洁环保等优点。使用电力机车牵引车列能提高列车运行速度和承载重量，从而大幅度地提高铁路运输能力和通过能力。同时，电力机车清洁环保，运行时不像蒸气机车或柴油机车那样产生废气。供电气化铁路使用的发电厂在采用化石燃料时，均会控制废气排放，除此之外也可使用低污染的风力或水力发电，还能提高热效率。在噪声方面，电力机车在运行时亦比柴油机车安静得多。在性能上，电力机车不需像蒸汽机车或柴油机车那般自携很重的引擎以及燃料，能减轻自重，因此在加减速和最高速方面均比蒸汽机车和柴油机车优胜，可进一步缩减行车时间。但是，这并不代表它就是完美无瑕的，事物都是具有两面性的！由于电力机车运行时，必须由沿线的牵引供电系统提供电能，所以电气化铁路的基本建设投资大，设备技术要求高，而且抗自然灾害能力差，运用灵活性也较差，故电力机车应用不如内燃机车广泛，也不可能完全取代内燃机车。

目前，我国重载运输几乎全部采用电力机车。2006 年以前，大秦铁路运输主要使用SS4型直流传动电力机车，以后引进国外先进技术，通过消化吸收再创新自主生产了大功率HXD1型交流传动和HXD2型电力机车。

韶山4型电力机车（SS4），由株洲电力机车厂设计制造，为6 400 kW八轴货运电力机车，也是中国铁路第三代电力机车的首型机车。1985年9月第一台韶山4型电力机车（SS4－0001）落成，是当时中国国内功率最大的货运电力机车。1995年，株洲电力机车厂、株洲电力机车研究所在韶山4改型机车的基础上，研制成功韶山4B型电力机车。1997年又研制了韶山4C型电力机车，为25 t轴重实验性电力机车。

和谐HXD1型电力机车是单轴功率为1 200 kW、八轴、交流传动货运电力机车，是由株机公司在德国西门子公司“欧洲短跑者”交流传动电力机车技术平台，结合我国铁路运输的具体情况面开发研制的机车产品。机车总功率为9 600 kW，采用23 t/25 t的可调轴重，最高运行时速120 km。2006年5月，首批HXD1八轴大功率交流传动电力机车在大秦铁路投入使用。

HXD2型大功率交流传动电力机车是“和谐号”货运机车的另一种型号，采用微机网络控制，标准化、模块化设计，具备强大的功率及牵引力，25 t轴重，额定功率9 600 kW，可单机牵引7 000 t重载列车，最高速度120 km/h，维护率和全寿命运营成本低、适用范围广，在－40℃环境条件下可正常存放，采取加温和防寒措施后可正常运用，是中国铁路装备技术现代化的重要标志产品之一。2007年12月4日，HXD2型机车开始投入大秦铁路运用。

在和谐型大功率电力机车投入使用以前，大秦线2万t煤炭组合列车使用4台韶山4型电力机车牵引，采用“1+2+1”的方式运行。HXD1、HXD2型大功率交流传动电力机车投入到大秦线作为2万t重载列车的牵引动力后，只需2台就可以满足一列2万t组合列车的牵引要求，采用“1+1”的方式运行。

国家能源集团所属包神铁路、神朔铁路、朔黄铁路（含黄万铁路）、大准铁路、宁东铁路五条自营煤运铁路，早期的主力机车为韶山4B型直流传动电力机车（如图3.25所示）。

2012年，中国南车集团为满足神华集团重载运输需要，在HXD1型电力机车基础上研制了神华号八轴大功率电力机车，机车总重200 t，轴重25 t，整车长35 m，最大牵引功率达到9 600 kW，单台机车牵引总重达到11 600 t。这种机车还有一项其他直流机车所不具备的特殊“独门绝技”，那就是在运行过程中能实现“能量回收”，机车在下坡时，电动机变为发电机，实现发电功能，电能反馈到电网。近 600 km 的朔黄铁路从最西端的神池南站到最东端的黄骅港站海拔落差超过 1 500 m，利用这个落差，该机车在运行过程中使动能充分转变为电能，每趟发电约 10 000 kW·h。

图 3.25　韶山 4B 型电力机车

两年后，神华号十二轴大功率交流电力机车问世并投入试运行，由于其为三节结构，因此常被网友称作“神华三节棍”（如图 3.26 所示）。

图 3.26　神华号十二轴大功率交流电力机车

该机车最大功率高达 14 400 kW，出世即是世界上最大功率电力机车，牵引力量世界最大。该列车由神华集团与南车株洲电力机车有限公司共同研制的，于2014年4月份下线，距今已经有6年时间，但记录并未被世界其他国家打破，由它牵引的KM98型100 t级（单车厢）煤炭漏斗车辆编组，总长度达1 573 m，载重量高达11 000 t，其总重量为13 420 t，是名副其实的“万吨列车”。

不过如今神华号也并非是世界最大功率的重载机车了，因为神华号二十四轴电力机车也已经下线了，其由6节火车头结构组成，因此也有网友称之为“神华六节棍”。该型号功率比神华十二轴电力机车又翻了一倍，可以称之为超大功率电力机车，该车型的下线也标志着我国铁路重载技术创新取得了又一突破。

延伸阅读：全球重载铁路“动力之王”——神24大功率机车

2020年7月29日，由中车株机公司与国家能源集团联合研制的全球最大功率神24电力机车成功下线。神24总共有16项技术创新，单机功率为28 800 kW，牵引力2 280 kN，动力超强，再次刷新轨道交通装备动力的世界纪录，填补了世界20轴、24轴大功率交流传动电力机车产品的空白。

神24是全球最大单机功率、全球最大单机牵引力、可灵活编组及智能驾驶的重载铁路“动力之王”。该机车采用6节编组，长达106 m，最高运行时速120 km，具备在12‰的坡道上单机牵引万吨货物列车的能力，可拉动超过100节满载铁路货车，整列车绵延接近1.5 km。车辆造型酷似雄狮，彰显出重载电力机车的力量和威严。

3.2.4 重载机车如何拉动万吨货物?

有了机车的牵引，列车便能沿着轨道在线路上运行，但是大家有没有想过我们的大力士重载列车拉着上万吨货物，而机车的牵引功率有限，一台机车就一定能拉得动吗？答案是远远不够的。因为重载列车载运量非常大，常常动辄上万吨甚至数万吨，在通常情况下单独一台机车的功率往往不够，需要两台机车或者多台机车共同牵引。

我们平时所看见的火车，都是由一节一节的车厢长长地串连在一起的，车头就是机车，负责牵引一整列列车。那么重载列车如果有两台或者多台机车牵引，难道也是机车在头部负责牵引吗？其实重载列车机车的位置会根据列车牵引重量、列车组织形式、线路条件等多种因素综合考虑。下面我们就来了解一下重载列车中机车的位置。

所有机车都在头部牵引这一种方式比较常见，在铁路的专业术语中，我们将其称之为机车的集中连挂。车辆和机车之间是通过车钩连接在一起的，对于万吨以上的重载列车，这种连挂方式对机车及车辆的车钩、缓冲器以及列车的制动和缓解均带来较大的影响。

其实大家可以设想一下，如果机车都集中在头部，一整列列车那么长，靠近机车的车辆肯定受力比较大，远离机车的车辆受力相对较小，到列车尾部受力最小。因此当列车起动时和运行中突然停车时，机车牵引力会发生突然变化，极容易造成列车车钩分离或断钩。

其次，由于重载列车编挂车辆较多，当位于列车头部的机车刹车制动时，列车尾部的车辆不可能在第一时间感受到车头的制动力，加之重载列车因载运重量大而具有很大的惯性，因此，当位于列车前半部分的车辆已经随机车的制动力而停下时，列车后半部分的车辆可能因为制动力还没有传递到还在随着惯性继续前行，从而造成列车后部车辆撞向前部车辆。这样的话，列车之间的车钩缓冲器将会遭受到由于列车惯性产生的巨大冲击。特别是当重载列车在长大坡道上临时制动时极容易发生这种危险，造成列车失控、断钩、甚至车辆挤压而脱轨。

总之，牵引重载列车的机车集中在列车头部时，尽管机车功率可以增加，但列车牵引质量受车钩强度及制动性能的限制，牵引力的提升幅度受到一定制约，否则极易造成上述的车钩断裂、列车分离等事故，危及列车运行安全。因此，当采用机车集中在列车头部的牵引方式时，通常只用双机牵引，而不再使用更多台机车牵引。

那么，还有没有其他的机车牵引方式呢？可不可以将其中一台机车放在列车中部或者挂在列车尾部呢？答案是肯定的。在铁路专业术语中，这种方式叫做分散连挂或补机推送，是将多台机车分别编挂在列车的头部、中部或尾部，连挂方式可多样，如单元式重载列车机车分散连挂时，用数台机车组成的补机机组，通常可挂于列车全长的 2/3 处，以对其前、后方车辆起到推送和牵引双重作用。如四台机车牵引 2 万 t 列车时，可以头部 2 台，中间 1/2 或 3/4 处 2 台；也可以头部一台，中间每 5 000 t 挂 1 台机车；还可以头部一台，中间 1/2 处 2 台，尾部 1 台。

几乎所有的重载列车，无论是单元式重载列车还是超重超长列车，在列车牵引总质量超过 10 000～12 000 t 时，都会根据列车牵引质量确定所需要的机车台数，采用多台机车牵引形式，并将机车合理地分布在列车头部和中部，这样可提高列车牵引力，同时保证列车安全平稳运行。

我国朔黄铁路重载列车牵引模式主要有三种，第一种为“2+0 牵引模式”，即 2 台机车 + 116 辆（132 辆）车辆 + 列尾装置（如图 3.27 所示）；第二种为“1+0 牵引模式”，即 1 台大功率交流机车 +116 辆车辆 + 列尾装置（如图 3.28 所示）；第三种为“1+1 牵引模式”，即 1 台机车 +58 辆（66 辆）车辆 +1 台机车 +58 辆（66 辆）车辆 + 列尾装置（如图 3.29 所示）。

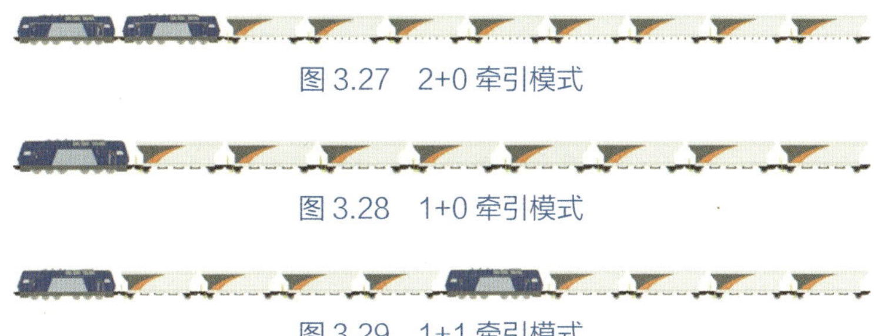

图 3.27　2+0 牵引模式

图 3.28　1+0 牵引模式

图 3.29　1+1 牵引模式

3.2.5 大力士跑得动还得停得下来

一般情况下，铁路列车上采用的制动方式按照动能转化的方式不同，可以分为两大类，一类是摩擦制动，另一类是动力制动。

摩擦制动就是通过车轮与制动设备的相互摩擦，产生制动力，将列车的动能转化成热能，达到减速和停车的目的。摩擦制动是中低速铁路上普遍采用的方式，一般分为闸瓦制动和盘形制动。闸瓦制动就是通过设置在车轮两侧的闸瓦抱紧车轮，进而产生制动力，这种制动设备就像自行车上的刹车一样，直接作用在车轮上。盘形制动是在车轴或者车轮的幅板上安装制动盘（如图 3.30 所示），闸瓦抱紧制动盘进而让列车减速。盘形制动比闸瓦制动的

图 3.30 制动盘

好处就在于，闸瓦直接作用于制动盘而不是车轮本身，这就减少了闸瓦对车轮的磨耗。

动力制动是通过特定的能量转换装置，将列车的动能转化成其他形式的能量，从而使列车减速或者停车。动力制动通常分为电阻制动和再生制动。电阻制动在重载电力机车和电传动内燃机车上使用最普遍，其制动原理就是将驱动车轮的电动机转化成发电机，通过车轮的动能进行发电，然后将电流输送到电阻器中转化成热能，进而消耗列车动能使之减速。再生制动与电阻制动不同之处是将产生的电流不转化成热能，而是又反馈到供电系统中，使得电力可以循环利用，这是一种比较理想的制动方式。

小贴士：火车能爬坡吗？为什么铁路都是平的？

火车当然是能爬坡的，不过因为车轮和钢轨都是金属，摩擦系数比较小，所以坡度都不大，我们的肉眼是很难看出来这种坡度的，因此平时所看见的铁路几乎都是平的。为了增大摩擦力，机车在长大坡道上会进行“撒砂”，就是在车轮前方的铁轨上均匀地撒一些细沙，使接触面更不光滑，来增大摩擦力。

3.3 大力士的大肚子——重载货车

3.3.1 轴重决定大力士的胃口

什么是货车的轴重呢？在了解轴重之前，我们先来认识一下什么是车轴。我们都知道轮对也就是车辆的一对车轮，它们是车辆与线路钢轨相接触的部分，由左右两个车轮组成，那么将左右这两个车轮连接在一起的装置就称为车轴，如图 3.31 所示。车轴和轮对再固定在转向架上（如图 3.32 所示），一起承受车辆和货物的重量。

图 3.31　车轴

图 3.32　货车转向架

而货车轴重指的是装车后的车辆总重分摊到车辆每一车轴上可以承受的最大重力，即轴重 =（车辆自重 + 货重）/ 轴数。由于多轴货车的发展受到速度的制约，且多轴货车多用于载运特殊货物，如超限货物、超重货物、超长货物等，因此对于普通货物运输而言，目前各国铁路仍应以四轴货车为主要车辆结构形式，即一辆货车上共有四组轮对。

那么车辆轴重跟大力士的胃口又有什么关系呢？重载运输要求在车辆长度基本不变的情况下能够大幅度提高车辆载重量，因此有效的途经就是必须提高货车轴重，如果车辆轴重达不到一定的条件，那么车辆将不能载运大重量的货物。

举例说明一下车辆轴重和载重之间的关系。假如有一辆轴重为 21 t 的 4 轴货车，说明这辆货车的总重（自重和载重的和）为 21×4=84（t），那么当车辆自重为 20 t 时，这辆货车的载重可以达到 64 t；同样，对于一辆 4 轴货车，当轴重达到 25 t 时，如果货车的自重仍然是 20 t，则这辆货车的载重可以达到 80 t。从这个例子可以看出，对于货车而言，如果轴重越大，在货车自重相同的情况下，货车载重也越大。

在国际重载协会对重载运输的定义中，车辆轴重是重载运输的重要条件之一。国际重载协会于 1994 年把重载货车的轴重标准从 21 t 提高到了 25 t，2005 年又把重载货车的轴重标准从 25 t 提高到了 27 t，顺应了重载运输技术不断提高和发展的趋势。事实上，随着重载货车轴重标准的提高，货车载运能力也越来越大，以满足重载运输的大运量要求。现在大家能够明白为什么车辆轴重会决定大力士的胃口了吧？

但是提高轴重在提高货车载运能力的同时，也会带来一些负面影响。比如车辆轴重增加，车辆载重量随之增加的同时，也会增加对线路轨道、道岔、桥隧、路基等的压力和冲击力，导致轨道及其各部件的损坏，特别是加剧了对钢轨的磨耗和破坏。因此，重载线路对轨道、桥隧、路基等结构物的承载能力以及相关设备的安全检测能力、技术维修水平也提出了更高的要求。

目前许多开行重载列车的国家已将货车轴重提高到 30 t 及以上，部分高达 40 t。美国通过 1988~1995 年在普韦布洛 FAST 环线上进行 29.8~35.4 t 轴重的重载列车与线路相互作用运行试验，累计运量达 10 亿 t，并对开行 35.4 t 轴重的重载列车安全性和经济性进行了深入研究，试验结果表明在北美铁路采用 35.4 t 轴重车辆是可行的、安全的，但线路基础设施需进行针对性强化。当前，美国、加拿大、澳大利亚的重载列车已普遍采用 32.5 t 轴重，巴西、瑞典已采用 30 t 轴重标准，南非、澳大利亚昆士兰也已采用 30 t 轴重标准，俄罗斯重载列车轴重已提高到 27 t，欧洲铁路重载列车也已向 25 t 轴重迈进。

2014 年 8 月 26 日，我国首列 30 t 轴重万吨重载列车在朔黄铁路开行，标志着我国在重载铁路技术上又填补了一大空白，此前，国内最大的重载铁路列车是在大秦线上试验开行的 27 t 轴重货运列车，而我国已经能生产 40 t 轴重的矿石列车，并已出口澳大利亚。

3.3.2 从不挑食的大肚子

我们的大力士不仅特别能吃，而且还不挑食。那么我们的大力士都“吃”什么呢？

重载运输是铁路运输现代化的重要标志。目前世界范围内的货物列车重载运输技术迅速发展，重载运输在运送大宗货物上已经显现出巨大优势（例如高效率、低成本），是铁路运输规模经济和集约化经营的典范。那么什么是大宗货物呢？大宗货物是指被广泛作为工业基础原材料的货物，如原油、有色金属、钢铁、农产品、铁矿石、煤炭等，包括 3 个类别，即能源货物、基础原材料和农副产品等。如由此可以看出我们的大力士真可谓是“来者不拒”。

值得一提的是，我国煤炭资源储量丰富，分布广阔，种类繁多。据我国第二次煤田预测资料显示，全国埋深在 1 000 m 以内的煤炭总资源量为 2.6 万亿 t。其中大别山—秦岭—昆仑山一线以北地区资源量约 2.45 万亿 t，占全国总资源量的以南的广大地区仅占 6% 左右。这样出现了北方多（尤其华北、西北多），南方少（尤其东南沿海少）的格局。

我国煤炭资源分布相对不均，主要分布在西北地区，目前，全国仅内蒙古、山西、陕西、贵州、新疆 5 省区为煤炭净调出省，合计净调出约 15.7 亿 t 煤炭。其中内蒙古、山西、陕西 3 省区为全国的煤炭主产区，除自身外主要供应沿海、沿江、华北、东北及西南省份，年净调出量分别为 5.8 亿 t、5.1 亿 t、4.5 亿 t，合计约 15.4 亿 t。贵州为西南的煤炭主产区，主要供应西南地区，供给侧改革后贵州产量收缩较快，已渐渐难以自足。新疆近年供需两旺，且由于地处偏远、运输不便，目前基本处于区域内自给自足状态，偶有余量供应甘肃西部和青川渝。

根据 2017 年煤炭消费量数据和 2018 年产量数据，沿海 / 沿江地区供需缺口合计约 11.7 亿 t（占总调入量的 62%），主要由内蒙古西部、山西、陕西（简称“三西”地区）的外调煤炭及进口煤供应，其中“三西”地区的外调路径主要是通过西煤东运铁路“北通路”和水运“海进江”的铁水联运，此外还有瓦日线 / 石太线 / 太焦线等“中通路”、陇海线 / 宁西线等“南通路”、京广线 / 京九线等纵向铁路干线，京杭大运河等河运以及汽运等起到补充作用。西煤东运“北通路”主要包括大秦线、朔黄线、蒙冀线 3 条重载铁路煤运干线，2018 年完成货物运量分别为 4.51 亿 t、3.16 亿 t、0.54 亿 t，合计约 8.21 亿 t。因此，可以说重载铁路为我国煤炭运输立下了汗马功劳。

在未来的发展中，这种能源和原材料的运输格局将保持不变，全国大宗货物运输量将继续占总运量比重的 60% 左右，并主要由重载方式进行输送。

延伸阅读：我国煤炭资源分布特点

煤炭是人类生产生活不可缺少的重要能源，是冶金、化工、医药等行业的重要原料。我国煤炭资源储量居世界第三位，煤炭产量和消费量均居世界第一位。我国煤炭资源分布面积达 60 万 km^2。根据中国煤炭资源聚集和赋存规律，可以天山—阴山造山带、昆仑山—秦岭—大别山纬向造山带和贺兰山—龙门山经向造山带为界，将中国划分为东北、华北、华南、西北和滇藏五大赋煤区。在此基础上，根据大兴安岭—太行山—雪峰山断裂带将东部三个赋煤区划分为六个亚赋煤区，即二连—海拉尔赋煤亚区和东三省亚区，黄淮海和晋陕蒙宁亚区，华南和西南亚区。既广泛又相对集中，西多东少、北多南少，是中国煤炭资源地理分布的重要特征。在大兴安岭—太行山—雪峰山一线以西的晋、陕、内蒙古、宁、甘、青、新、川、渝、黔、滇、藏 12 个省（市、自治区）的煤炭资源量占全国总量的 89%；而该线以东的 20 个省（市、自治区仅占全国的 11%。分布在昆仑山—秦岭—大别山一线以北的京、津、冀、辽、吉、黑、鲁、苏、皖、沪、豫、晋、陕、内蒙古、宁、甘、青、新 18 个省（市、自治区）的煤炭资源量占全国煤炭资源总量的 93.6%；而该线以南的 14 个省（市、自治区）仅占全国的 6.4%。客观地质条件形成的这种不均衡分布格局，决定了中国北煤南运、西煤东调的长期发展态势。

3.3.3 种类繁多的重载货车

我国重载运输的主要目的是“三西”产煤地区的煤炭运往煤炭需求量大的东南沿海地区。那么煤炭应该用什么样的车辆装运才能既方便又省事呢？如果像我们平时都见到的客车车厢那样四面全封闭，对煤的装卸肯定是很麻烦的，假设有一面是空的是不是会省很多事儿呢？没错，铁路设计人员也考虑到了这种层面，所以设计出了如图 3.33 所示的重载运输车辆。

图 3.33 敞车

这种重载铁路车辆叫做敞车，因为这种类型车辆的顶部是敞开的。虽然都叫敞车，但是在重载铁路中使用的车辆也有差异。在铁路专业术语中，我们一般用拼音的首字母表示，如 C_{80}，大家可能注意到了右下角的数字，它代表的就是型号。

所谓敞车是指具有端壁、侧壁、地板，而无车顶，向上敞开的货车，主要供运送煤炭、矿石、矿建物资、木材、钢材等大宗货物用，也可用来运送重量不大的机械设备。若在所装运的货物上蒙盖防水帆布或其他遮篷物后，可代替棚车承运怕雨淋的货物。因此敞车具有很大的通用性，在货车组成中数量最多。按照我国现有的重载运输模式，重载车辆分为两类：一类是专用车辆，用于以朔黄线、大秦线为代表的运煤专线重载铁路，例如 C_{80}（如图 3.34 所示）、C_{80B}、C_{70A}；一类是通用车辆，用于客货混跑铁路，例如 C_{64}、C_{70}（如图 3.35 所示）。

小贴士："C80" 代表的含义

"C80" 是重载货车的型号，"C" 就是敞车的简写，"80" 指的是净载重 80 t。C80 意思是净载重为 80 t 的敞车。

近年来，我国又针对重载煤炭运输研发了 KM_{98} 型煤炭漏斗车（如图 3.36 所示），载重 98 t，轴重 30 t，单车载重量较此前最大的 C_{80} 型 80 t 级通用敞车提高 23%~25%。采用 5 辆一组时，在列车编组长度基本一致条件下，每列车较 C80 型敞车多运输 1 720 t 煤炭，运能提高 18.5%。车体采用铝合金，内部平滑，卸净率高，创新自卸式底门机构，实现正反向边走边卸、底门自动开闭。

图 3.34　C80 型铝合金运煤专用敞车模型

图 3.35　C70 型通用敞车模型

图 3.36　KM98 型煤炭漏斗车

此外，还新研发生产了 KM100AH 型重煤炭漏斗车（如图 3.37 所示），是目前我国最大载重的漏斗车，载重 100 t，轴重 30 t。目前，两种新型车辆已在朔黄铁路投入使用。

图 3.37　KM100AH 型重煤炭漏斗车

3.3.4 如何控制重载货车的自重

原则上说，通过提高车辆轴重可以在一定程度上增加列车载重量，提高运输效率。但是我们也注意到，在车辆轴重增加的同时，货车自重不降低，那么货车载重仍然不会有明显提升。那么有没有一种方法能在轴重增加的情况下降低车辆自身的重量？这就是我们为大家介绍的车辆轻量化。

车辆轻量化就是将车辆的自重尽可能降低。对于重载运输而言，在规定的轴重下，要增加货车的有效载重，必须考虑车辆轻量化，这是提高货车载重的有效措施。

小贴士：重载车辆轻量化的途径

实现重载车辆轻量化的途径主要有两个：一是采用新型材料，主要指利用铝合金、不锈钢、高强度耐候钢、高强度合成材料等轻型高强度的车体结构材料取代原有的普碳钢材料，可以达到节约能源、提高效益的目的。二是优化车辆结构设计，主要采取改进车体装货结构等手段来实现。

车辆轻量化有诸多好处。首先，在相同的轴重条件下，车辆轻量化意味着自重降低，载重量增加，在每一列车连挂的车辆数量相同的条件下，车辆轻量化可以提高列车载重量，从而提高运输能力及运输效益。例如大秦铁路和神华铁路线运用的C80货车（铝合金车体），相比不锈钢货车每节自重降低约700 kg，105辆编组的重载列车可以多装载73 500 kg。

随着“车辆轻量化”成为轨道交通发展方向，承担大宗货物运输的重载列车减轻自重、减少排放，被很多国家交通运输部门提上议程。和此前在车体制造中广泛使用的钢铁材料相比，铝合金具有质量轻、成型优、强度高、耐腐蚀等特性，成为重载列车减轻自重、降低能耗的最佳选择。目前不少欧美国家都采用铝合金材料来制造铁路车辆，例如美国目前新制造的重载列车95%以上都是铝合金车皮，我国的C80型煤炭专用敞车、KM98型煤炭漏斗车、KM100AH型重煤炭漏斗车的车体也都是铝合金材质。

3.3.5 大力士别具一格的车钩

火车车钩是用来连接机车和车厢的车辆部件，同时还能传递牵引力和冲击力，使车厢间保持一定的距离，以通过弯道。按类型来分，有螺旋车钩、自动车钩、密接式自动车钩、旋转车钩等。其中螺旋车钩出现较早，已基本被淘汰。自动车钩对火车的发展影响比较大，并且沿用至今（如图3.38所示）。

图3.38 自动车钩

车钩由钩头，钩身、钩尾三个部分组成，车钩前端粗大的部分称为钩头，在钩头内装有钩舌、钩舌销、锁提销、钩舌推铁和钩锁铁。车钩后部称为钩尾，在钩尾上开有垂直扁锁孔，以便与钩尾框联结。车钩如图3.39所示。

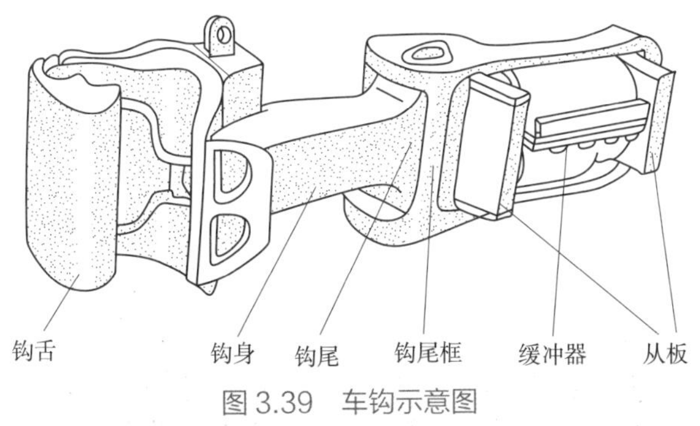

图 3.39　车钩示意图

为了实现挂钩或摘钩，使车辆连接或分离，车钩具有以下三种位置，也就是车钩三态。

锁闭位置——车钩的钩舌被钩锁铁挡住不能向外转开的位置。两个车辆连挂在一起时车钩就处在这种位置。

开锁位置——即钩锁铁被提起，钩舌只要受到拉力就可以向外转开的位置。摘钩时，只要其中一个车钩处在开锁位置，就可以把两辆连挂在一起的车分开。

全开位置——即钩舌已经完全向外转开的位置。当两车需要连挂时，只要其中一个车钩处在全开位置，与另一辆车钩碰撞后就可连挂。

为了缓和火车在运行中由于机车牵引力的变化或在起动、制动及调车作业时车辆相互碰撞而引起的纵向冲击和振动，列车上的每一辆货车上都装有车钩缓冲器。它具有耗散车辆之间冲击和振动的功能，从而减轻对车体结构和装载货物的破坏作用。其工作原理是借助于压缩弹性元件来缓和冲击作用力，同时在弹性元件变形过程中利用摩擦和阻尼吸收冲击能量。因此为了确保重载列车的正常和安全运行，需选用高强度的车钩和大容量的缓冲器，以缓和车辆之间的作用力。

在重载运输中，卸载煤炭时会用到翻车机卸车，这时需要运煤的车辆采用一种特殊的车钩，那就是旋转车钩（如图 3.40 所示）。旋转车钩的构造与普通车钩不同，钩尾开有锁孔，钩尾销与钩尾框的转动套连接。钩尾端面为一球面，顶紧在带有凹球面的前从板上。当钩头受到扭转力矩作用时，钩身连同尾销以及转动套一起转动。旋转车钩只安装在专为重载铁路运煤单元组合列车设计的车辆上，这种车辆的一端装设旋转车钩，另一端装设固定车钩，整列车上每组连接的两个车钩，两两相互搭配。当满载煤炭的车辆进入卸煤区的翻车机位时，翻车机带动车辆翻转 180°，将煤炭倾倒出来。旋转车钩可以使车辆翻转卸货时不摘钩连续作业，缩短了卸货作业时间。

图 3.40　16 号重载旋转车钩

延伸阅读：自动车钩——因传言与国人结缘的发明

“自动挂钩的发明者是詹天佑。”这一说法，早在詹天佑在世时就流传于民间。由于这位杰出的铁道工程师在主持建造我国第一条京张铁路时，采用了自动挂钩，因此在很长时期内，我国的有关论著将此钩称之为“詹天佑挂钩”。

事实上，是一位姓詹内的美国人发明的。就是这个“詹内”的“詹”字被国人联想到了詹天佑身上。詹内发明的火车车钩在 1868 年 4 月 21 日就取得了专利权，后来他又不断完善和改进自己的发明，在 1873 年第二次获得专利权。到了 1893 年，美国国会通过决议条款，命令各铁路公司必须采用詹氏挂钩。

而詹天佑是 1888 年，即詹内取得专利权 20 年后，才由广东水师学堂北上，正式到铁路任职。由于詹内发明的自动车钩在英语中写作 Janney Coupler，在我国的铁路材料目录中就把它简译为詹氏车钩。再加上詹天佑在我国铁路建筑史上的卓越成就和贡献，所以大家把詹氏车钩误解为詹天佑的发明，以至于在他活着的时候，就听到了他发明自动车钩的传言，他急忙跟人澄清“没有这件事”。后来，詹天佑主编词典时还将“詹氏车钩”译成了“郑氏车钩”，以免国人误读。

3.4 大力士的力量之源——牵引供电

3.4.1 电气化铁路的“加电站”

电力机车具有功率大，单位功率重量小的特点，能大幅度提高货物列车牵引重量。因此，电气化铁路最适合于发展重载运输。但是电力机车本身不带动力能源，它需要从接触网取电，那么接触网的电又从哪儿来呢？也就是说电气化线路的“加电站”在什么地方呢？

牵引供电系统是电气化重载铁路的牵引动力能源供给部分，主要由牵引变电所及接触网两个部分组成，其任务是保证质量良好且不间断地向机车供电，其能力直接关系到重载铁路的整体运输能力（电气化铁路供电如图 3.41 所示）。

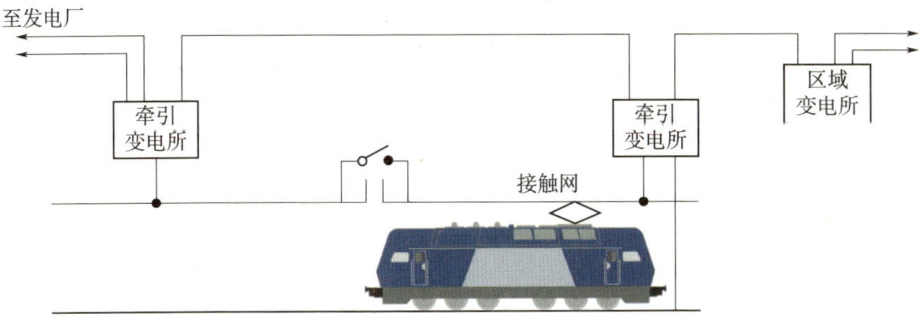

图 3.41　电气化铁路供电示意图

电气化铁路的“加电站”就是牵引变电所（如图 3.42 所示）。牵引变电所是电气化铁路供电系统的心脏，无论普通线路还是重载线路都要求它具有高度的可靠性。牵引变电所的主要装备是牵引变压器（如图 3.43 所示），它能使变电所输出电力机车需要的稳定电流。对于重载铁路而言，牵引车列的电力机车的功率、接触网电流和整个供电设备规模等需要加大，在变电所变压器容量的选择上要考虑重载运行的条件，变压器容量越大，输出电流越大。

图 3.42 牵引变电所

图 3.43 变压器

小贴士：什么是变压器

电厂发出的电先通过变压器提高电压，长距离输电后根据用户用电设备的电压等级不同进行降压。可以看出，变电的核心设备是变压器，变电的核心在于变压器的使用。什么是变压器呢？它的基础部件是铁芯和线圈，在一个闭合的铁芯两侧分别缠上两组不同圈数的线圈，当输入侧通上交流电后，输出侧就能感应生电，改变两侧缠绕圈数之比就能改变输出侧电压。

另外，在整个牵引供电系统的设计中，牵引变电所的数量，在整个铁路网上的分布的是否合理都会对重载列车的安全运行造成影响。

3.4.2 为大力士供电的接触网

“加电站”是整个牵引供电系统中的重要部分，但是在电气化线路上，电不是简单的从“加电站”直接传输到机车上，传输过程中还需要一个重要媒介，就是接触网。

简单来说，接触网就是我们通常在坐火车的时候能够看到的悬挂在轨道上方，沿轨道铺设并和钢轨保持一定高度的输电网（如图 3.44 所示）。接触网是电气化铁路的主要供电装置。从变电所输出的电顺着接触网传到电力机车，再经过电力机车的变压器传送给电机工作，用来保证机车的正常运行。

图 3.44　接触网

整个输电网络我们称为牵引网。牵引网由馈电线、接触网、钢轨与大地、回流线等组成。

馈电线是连接牵引变电所和接触网的线路。它将牵引变电所变换后的电能直接输送到接触网。

接触网是整个牵引网的主体，因为其沿铁道线路分布广、结构复杂，所以特别容易出现各种故障，尤其是在恶劣的自然气候条件下，日常维修工作量大，如果其出现故障，那么对牵引供电的可靠性影响是极大的。

钢轨有多长，接触网就有多长，机车与接触网总是遥遥相望，为了实现它们两个的亲密接触，受电弓便成为了车与网之间的“红娘”。受电弓升起时，可与接触网导线接触，降下时平卧在车顶上。

每台电力机车头顶都有一个受电弓可以与接触网连接，受电弓其实就是安装在列车上的一个“大插头”（如图 3.45 所示），通过电力机车的受电弓与接触网之间滑动接触，电流就由接触网进入电力机车，这样列车有了电就能正常运行了。

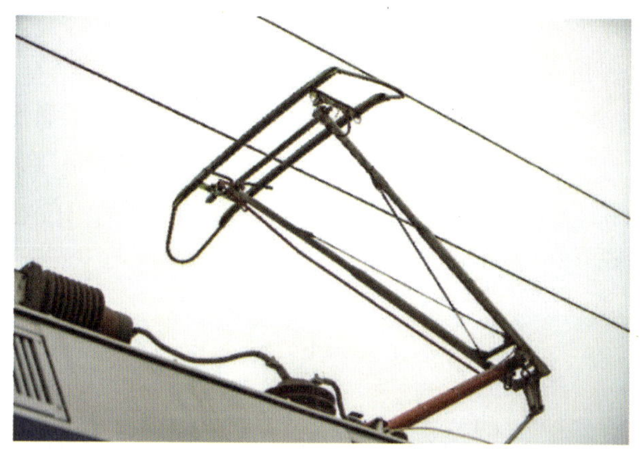

图 3.45　受电弓

回流线是连接钢轨和牵引变电所的导线。通过回流线把钢轨中的回路电流导入牵引变电所的牵引变压器。

通常为提高接触网的稳定性和可靠性，还需要正确选择桥梁、隧道、跨线建筑物上的接触网悬挂类型。比如针对煤运专线的粉尘污染严重、隧道较多潮湿污秽的具体情况，有针对性地确定该线采用的重污区绝缘标准等。此外，为提高接触网的防雷可靠性，电气化线路全线还需要设置避雷器。

小贴士：我们能为重载铁路安全做些什么

接触网是给重载列车供给电能的唯一途径，堪称重载铁路的“生命线”，对安全运营有着不可替代的作用。接触网作为一个没有“防护外衣”的供电设备，往往受周围环境影响较大，特别是大风天气或结构物掉落，经常会导致接触网设备上悬挂异物或异物侵入设备限界，从而造成行车安全事故。因此，请大家不要在铁路沿线 500 m 范围内放风筝、气球及燃放孔明灯等低空飘浮物体。

3.5 大力士高效安全之盾——通信信号

3.5.1 重载列车神奇的传令官

现在大力士拥有能“吃”的大肚子，可是如何让大力士带动吃饱的大肚子，步调一致地往前跑和停住呢？并且让他们听懂各自的语言的同时，还能让调度系统与行车组织人员与他们沟通传令呢？这就需要给他们配个高效的传令官，那么他是谁呢？他就是铁路通信系统。

通信系统是铁路的关键基础设施之一，承载了铁路调度指挥、列车运行控制、故障预警、险情通告、应急救援等任务。近年来，铁路通信系统取得了很大进展，这应归功于无线移动通信技术的不断演进，为运行列车提供了可靠的无线数据交换通道。目前，世界上用于列车控制的无线通信系统主要有以下三种类型。

1. 专用无线通信系统

如 JR 东日本公司开发的高级列车管理和通信系统（ATACS），利用日本总务省特别批准的铁路专用 300 MHz 窄带无线信道进行双向数据传输，传送容量虽然比较小，但可靠性高。每个信道的传输速度为 9 600 bit/s，列控报文的传送周期约为 1 s，每个基站的覆盖范围为 2~3 km。

2. GSM-R 无线通信系统

GSM 是世界上最广泛应用的第二代数字移动通信标准（2G），而 GSM-R 则是基于 GSM 技术基础、结合铁路需求进行优化、定位于铁路专网的的通信系统。欧洲开发的铁路运输管理系统 / 欧洲列车控制系统（ERTMS/ETCS）通过 GSM-R 铁路无线通信网络进行数据传输，当速度高达 500 km/h 时，也不会丢失任何通信。

3. 宽带大容量通用无线通信系统

北美铁路研发的基于无线通信的列车控制系统（CBTC），采用通用宽带 IP 无线通信系统（802. 11 系列），利用 LF 频段、2. 45 GHz 和 5. 0 GHz 等频段传输列控数据。列控报文的传送周期为数十至数百毫秒，每个基站的覆盖范围只有数十米至数百米。这种通用无线通信系统的报文传送质量虽然不及上述两种专用无线通信系统，但利用其能大容量通信的优势，可以将报文反复多次传送，直到正确接收，以此确保列控数据传输的可靠性。CBTC 也广泛用于亚欧各国的地铁与城市轨道交通系统中。

我国客运及货运专线一般采用 GSM-R 无线调度与有线数字调度相结合的方式，在技术和产品方面取得了长足发展。但随着我国铁路货运重载化发展，承载数据信息采集传输的高宽带网络、指挥调度技术复杂性和特殊性、列车多机车编组数量与监控手段等需求增加，GSM-R 难以满足重载铁路货运指挥调度对多种需求承载的要求。因此，伴随着通信技术的进步，GSM-R 无线调度系统开始向 LTE-R 无线调度系统发展过渡。

LTE-R 通信系统，不仅完全继承了现有铁路通信系统 GSM-R 全部业务，而且可为用户提供多媒体集群调度、可视电话、实时视频监控、客运综合信息发布等功能，目标是为铁路运营方提供更安全、更易运维、更高速的通信网络，从而满足世界铁路高速发展的需要。

值得一提的是，近年来，朔黄铁路根据 30 t 轴重重载列车开行需要，通过“产学研”联合研制模式，与华为共同研发的基于 TD-LTE 技术的铁路通信系统，在全球首次将 4G 技术应用于重载铁路上。2014 年 9 月 29 日，世界首列基于 4G 移动通信技术（LTE-R）30 t 轴重 2.5 万 t 重载试验列车在朔黄铁路成功开行（如图 3.46 所示）。

图 3.46　搭载 LTE-R 的 30 t 轴重 2.5 万 t 重载试验列车成功开行

与GSM-R网络相比，LTE网络在网络注册时延、连接建立时延、端到端传输时延、吞吐量、丢包率等指标均优于GSM-R网络。朔黄铁路沿线共设置了260座LTE-R基站，用于保证相互间距离长达1.5 km的两台机车实现精准同步和信息通畅，这些基站每天都在持续为列车发送数据信号。LTE-R技术的成功应用，保证了不论是在隧道、桥梁还是山区，两组电力机车间都可以完成同步操作，实现同步启动，同时刹车，成为了保证重载铁路和实现超长编组列车安全运行的核心。

3.5.2 “移动”的信号是怎么回事?

现在有一个问题，铁路线路通常为单线或双线，然而繁忙的运输任务需要列车在铁路上高密度的运行，那么如何保证不发生追尾或相撞并且尽可能让更多的列车跑呢？这就需要“移动”信号出场了。不过在了解它之前我们先来认识一下什么是行车闭塞。

在轨道交通中，为保证列车运行安全，须让列车间以一定的安全间隔运行。铁路两个车站之间为一个区间，在一个区间内又划分为若干闭塞分区，以不同的信号表示该分区或前方分区是否被列车占用等状态，列车则根据信号显示运行。不论采取何种信号显示制式，列车间都必须有一定数量的空闲分区作为列车安全间隔，并要遵循一定的列车运行组织规律开行列车。否则的话，可能会发生单线铁路上同一区间相向运行的两列列车发生正面冲突的事故，或者同一区间同向运行的两列列车因为后车速度快而追尾的事故。这种按照一定规律组织列车运行的方法叫做行车闭塞法（如图3.47所示），简称闭塞。

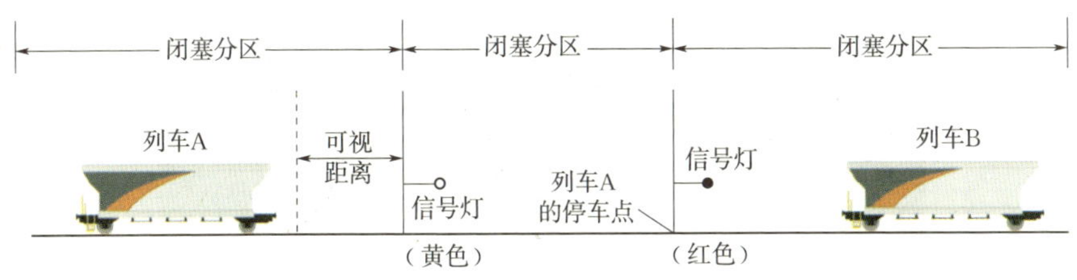

图3.47　行车闭塞示意图

小贴士：闭塞分区

把铁路线路分成若干个长度不等的段落，每一段线路叫做一个闭塞分区，是为了保证列车安全和铁路线路必要的通过能力。闭塞分区始端设信号机，实现对列车的自动控制。根据列车运行及有关闭塞分区状态，自动变换通过信号机显示，指示司机凭信号行车。

在我国铁路运输中，每个车站都有负责向司机发送信号的工作人员，我们称为车站值班员。对于司机来说，必须从车站值班员那里拿到确认的列车运行凭证之后，才能开车进入到线路前方的某一个区间或者闭塞分区。那么这个列车运行凭证是什么呢？不知道大家坐火车的过程中有没有发现过，时不时的会看见在轨道旁边会有跟红绿灯一样的装置，它的名字叫信号机。车站值班员给司机的列车运行凭证就是信号机发出的“红黄绿”三色信号，信号机（如图 3.48 所示）上面不同的显示会告知司机线路前方的区间有没有列车，本列车能不能运行……一般而言，红灯停车、黄灯减速、绿灯按照正常速度开行。这种信号就类似城市道路中的红绿灯指挥车辆行驶、停车一样，确保列车按照信号行驶或减速停车。

图 3.48　信号机

那么说了这么久，这些闭塞和信号跟“移动”信号之间又有什么关系呢？目前，铁路的闭塞可以分为自动站间闭塞和自动闭塞两种。

自动站间闭塞就是在有区间占用检查的条件下，自动办理闭塞手续，列车凭信号显示发车后，出站信号机自动关闭的闭塞方法。这种闭塞下两个车站之间只能运行一列列车，这种方式较为古老，而且通行效率低，我国铁路现在大多数线路一般使用自动闭塞的方法。

自动闭塞就是根据列车运行及有关闭塞分区的状态，自动变换信号机的显示，司机根据显示可以开车或减速停车。这种闭塞方式通过信号机的不同显示可以将两个车站之间的同一个区间划分成几个闭塞分区，每个闭塞分区可以根据闭塞分区状态和信号显示情况分别行驶一列列车，极大地提高了线路的通过能力和运行效率。

我国煤运大通道朔黄铁路便采用自动闭塞方式。从目前国内外现状来看，重载铁路自动闭塞技术代表了目前行业最高水平，将会得到全面发展和推广应用。在自动闭塞的安全机制下，最终可实现重载列车优化控制、节能优化和无人驾驶的目标，可为铁路运输系统整体的提速增效提供可靠的解决方案。

自动闭塞又可分为固定闭塞和移动闭塞。这里的移动闭塞就是我们说的“移动”的信号，那么它具体是怎么实现的呢。

现在列车上都装有列车运行控制系统，后面的列车可以根据前面列车的速度以及列车的性能确定最佳的列车制动曲线，根据列车制动曲线可以确定最优的列车安全速度，也就是说虽然两列车在两个不同的闭塞分区，但是后面列车的状态时时刻刻根据前面列车的状态而定，是不是很神奇呢？传统的固定闭塞制式下，系统无法知道列车在分区内的具体位置，因此列车制动的起点和终点总在某一分区的边界。为充分保证安全，必须在两列车间增加一个防护区段，这使得列车间的安全间隔较大，影响了线路的使用效率。

那么移动闭塞信号系统如何发挥作用？移动闭塞的线路取消了物理层次上的分区划分，而是将线路分成了若干个通过数据库预先定义的线路单元，每个单元长度为几米到十几米之间，移动闭寨分区即由一定数量的单元组成，单元的数目可随着列车的速度和位置而变化，分区的长度也是动态变化的。相比起固定闭塞信号系统，移动闭塞信号系统的防护区段是动态的。换句话说，这个闭塞区间是可移动的，两列列车亦可同时移动，在”动态防护”的状态下保持安全距离，从而缩小发车间隔。图 3.49 为移动闭塞示意图。

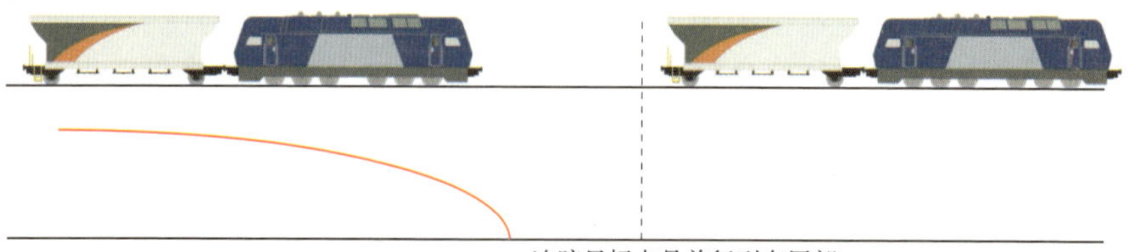

图 3.49　三显示移动闭塞示意图

通常铁路建成后，如果再改造线路、轨道等硬件设备，工作量和成本巨大。尽管信号系统不直接提升运力，但通过技术革新，不仅可以确保行车安全，还可以缩小发车间隔，显著提高运行效率。

延伸阅读：朔黄铁路积极推进重载铁路移动闭塞系统建设

朔黄铁路正积极推进三汲站至黄骅港站之间 350 km 的线路重载铁路移动闭塞系统的扩大化试验和工程化应用工作，该项目采用智能技术控制同一条铁路上多列列车安全间隔时间，实现重载列车安全追踪运行以及在雨雪天气、复杂线路等情况下的自适应控制，从而防止列车追尾事故的发生，是保障铁路行车安全的重要信号控制系统（见视频 3.2）。现场试验数据表明，采用重载移动闭塞系统后，万吨列车追踪间隔将会进一步缩短，朔黄线系统运输能力将显著提高。

视频 3.2　重载铁路移动闭塞系统

3.5.3　确保大力士安全的重要法宝

为了保证大力士安全平稳的运行，仅凭前面所说的传令官和移动的信号是不够的，还有两个法宝是十分重要的，那就是列车运行监控记录装置（简称 LKJ）和可控列尾装置。

（1）列车安全运行监控装置

列车安全运行监控装置又称“列车运行监控记录装置”，是我国铁路研制的以保证列车运行安全为主要目的列车速度监控装置，设置在机车上、以司机控制为主，可防止列车冒进信号和防止超速运行，以确保列车安全运行的装置。

以监控列车速度为主，能在非司机操纵条件下（例如司机精神不振）实施全列车的强迫制动减速或停车，并同时有列车运行信息记录、行车安全注意事项语言提示、报警、显示等功能。

LKJ 安装在机车上，能够记录机车诸如行驶速度、时间、距离以及期间司机实施驾驶操作的参数。一般必须进行加固封装，以保障在发生正面冲突、追尾、颠覆以及机车燃烧、落水等严重事故时匣内信息不被破坏，同时也须防止安全监察以外的人员对信息的修改和消除。

（2）可控列尾装置

可控列尾装置全称为列车尾部安全防护装置（如图 3.50 所示），是在货物列车尾部无人值守的情况下，为了保证列车安全运行而研制的。可控列尾装置的运用不仅为铁路提高生产效率和节约运输支出起到了积极作用，而且在安全和生产方面发挥了重要作用。

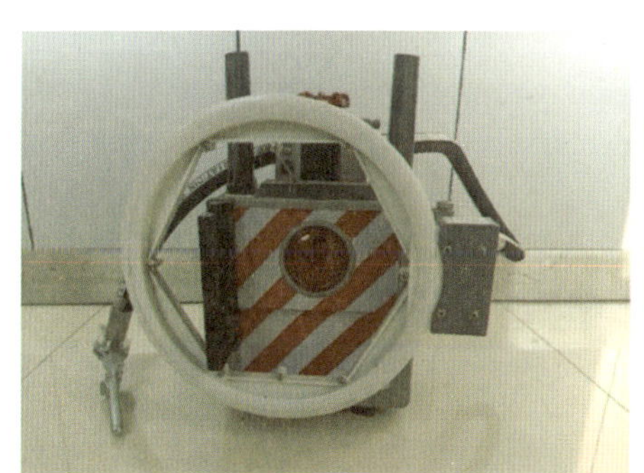

图 3.50　重载列车可控列尾装置

可控列尾装置的作用主要有列车尾部风压的查询、自动报警、尾部排风辅助制动、列车昼夜尾部标志等。可控列尾装置系统主要由三部分构成：列车机车部分、列车尾部部分（列尾装置尾部主机）和列车尾部安全防护装置数据处理系统。

国内主要的可控列尾装置都是利用机车上和列车尾部分别安装的无线发射和接收装置来实现的。机车与列尾装置主机通过无线编码构成“一对一”关系。机车乘务员用机车控制盒发出需要的查询信号，列尾装置主机在接收到本次列车的本务机车发出的指令后，向机车反馈查询信息，并在机车乘务室用语音播发。此外，列尾装置主机还具有监控功能，在列车主风管被切断，主管泄露量超过规定值时，列尾装置主机会及时向机车乘务员发出警示，提醒机车乘务员注意列车运行状态。

铁路通信信号不仅是铁路运输安全的保证，而且能够在保证安全的基础上实现铁路运输的接发车作业和区间运行自动化。重载运输对通信信号的安全性、可靠性提出了更高的要求。积极引进采用先进技术，大幅度提高现代化通信信号的装备水平，成为重载运输通信信号系统的发展趋势，也是重载运输进一步发展的必然要求。

4 陆地奇迹

4.1 重载运输的货物品类和去向

4.1.1 重载货物的种类与源头去向

重载铁路运输主要为大宗货物的长距离运输。美国自20世纪60年代正式开展重载运输业务，通过重载单元列车来运输煤炭，目前美国铁路货运品类达到16种，包括煤、化工制品、农产品以及生活用品等。加拿大于1967年采用固定车底循环往返的专用直达列车运输谷物，后来又扩大到运输煤炭、矿石等物资，之后运输的品类越来越多。俄罗斯铁路主要货物运输品类包括煤炭、铁矿石、石油制品、有色金属、化工制品以及木材等，其中煤炭、矿石运输在其主要货运品类中占据十分重要的位置。而澳大利亚、巴西和南非等国家矿产资源非常丰富，至今其重载运输品类仍为矿石、煤炭等大宗货物。

煤炭生产和消费的逆向分布，促使我国形成了“北煤南运，西煤东运”的物流格局，也使得我国重载铁路运输主要以煤炭为主（如图4.1所示）。

图4.1　重载铁路保障煤炭运输

我国煤炭资源主要分布在山西、陕西及内蒙古西部等地，而用煤大户主要集中在华东、华南地区。为解决煤炭跨地域的供需矛盾，国家先后开通了大秦铁路、神黄铁路等运煤专线。长期以来，铁路在煤炭运输中发挥着至关重要的作用。从煤炭主产区的外运通道来看，晋陕蒙煤炭外运铁路通道由横向北通路（大秦、朔黄、蒙冀、丰沙大、集通、京原）、中通路（晋中南、石太、邯长、和邢）、南通路（侯月、陇海、宁西）以及纵向通路（焦柳、京九、京广、包西、蒙华）构成。上述地区主要以铁路直达的方式供应京津冀、东北地区，以下水煤方式供应华东、华南等地，海进江方式供应长江沿线省市。其中，大秦、朔黄、蒙冀、瓦日为我国西煤东运四大通道。目前，“北煤南运”新通道浩吉铁路已全线通车运营，自此我国铁路版图上新增一条纵贯南北的能源运输大通道。在扩大煤炭“公转铁”运量、打赢蓝天保卫战的大背景下，铁路在煤炭供需衔接中的作用将与日俱增。

值得注意的是，“公转铁”政策提高了铁路发运需求。2018 年 10 月，国务院办公厅印发《推进运输结构调整三年行动计划（2018~2020 年）》，提出以京津冀及周边地区、长三角地区、汾渭平原等区域为主战场，以推进大宗货物运输公转铁、公转水为主攻方向，减少公路运输量，增加铁路运输量。据统计，2018 年全国铁路累计煤炭运输量完成 23.81 亿 t，同比增长 10.3%。中国国家铁路集团有限公司发布的《2018~2020 年货运增量行动方案》提出，到 2020 年，全国铁路煤炭运量要达到 28.1 亿 t，较 2017 年增运 6.5 亿 t，铁路运输煤炭要占全国煤炭产量的 75%，较 2017 年产运比提高 15%。全国铁路疏港矿石运量达到 6.5 亿 t，较 2017 年增运 4 亿 t，占陆路疏港矿石总量的 85%，较 2017 年提高 50%。

小贴士：“公转铁”是怎么回事

“公转铁”，顾名思义，要促使更多的大宗商品从公路运输转到铁路运输上来。其出发点是防治大气污染、严格控制机动车排放，打赢蓝天保卫战。

4.1.2 如何确定重载列车的目的地

装有货物的大肚子车辆通过聚集在一起，变身成重载钢铁长龙，但是铁路运输网络那么复杂，如何帮助这条长龙选择最佳去向呢？

在了解这个问题之前，我们先来认识一下什么是封闭式重载铁路与

开放式重载铁路。封闭式重载铁路可以细分为半封闭式和全封闭式两种类型。

半封闭的重载铁路两头连接着铁路网中的有关线路，所以这是一种比较独立的铁路线路，这条线路上车辆的来源和要去的目的地会相对复杂一点，它主要在线路两头的技术站进行大部分车辆分解编组或组合拆分的工作，从而形成半封闭运输的组织模式。

全封闭式重载铁路是一种绝对独立的铁路线路，顾名思义，这种全封闭的铁路不与其他铁路线路相互连接，只进行固定两点之间的运输工作，一般情况下行驶的是单元式的重载列车，而且卸下货物的空车有提前规定好的行驶方向，车流组织非常简单。即空车在装车点装车之后，在线路上运行，到达卸车点进行卸车后再原路返回，而后继续重复上述过程。

通过以上分析可以发现，全封闭式和半封闭式重载铁路货物流向基本固定，所以货物的最佳去向也是固定的。其吸引区可以分为装车端和卸车端两部分。

装车端内的工矿企业、基地仓库的特点是装车数量大、车辆流向比较集中，在组织单元式重载列车中具有巨大的潜力。为了缓解装车端内技术工作的困难，减轻技术站改编作业的负担，应最大限度地把装车端内产生的车流组织开行单元式重载列车。

对有稳定输出车流的工矿企业，可为其建设可直接装载整列重载列车的装车点；对流向稳定但流量不足的工矿企业，可通过在适当地点建立装运集配站为其服务，由集配站开行单元式重载列车。

开放式重载铁路上运行的列车主要是整列式重载列车，一般情况下我们是将其作为铁路路网的通道使用，为了能够充分利用铁路的运输能力，线路上的运行方向都是不固定的，而且一般都为重车流，空车流较少。对于开放式重载铁路最佳方向的确定，主要是要考虑到技术站负荷水平的均衡程度。也就是说要合理确定各技术站编组列车的办法和列车解编任务，以确保各站能够协调配合工作。此外，应该统一铁路网各线路能够负荷的牵引质量，为开行更多高质量的重载列车创造条件。这样列车就无须在各线路衔接点进行改编作业，使衔接点作业量大为减少。

专题：国家能源集团及其一体化运营

国家能源集团全称国家能源投资集团有限责任公司，经党中央、国务院批准，由中国国电集团公司和神华集团有限责任公司两家世界500强企业合并重组而成，于2017年11月28日正式挂牌成立，是中央直管国有重要骨干企业、国有资本投资公司改革试点企业，2020年世界500强排名第108位。

国家能源集团拥有煤炭、火电、水电、新能源、运输、化工、科技、金融八大产业板块，是全球规模最大的煤炭生产公司、火力发电公司、风力发电公司和煤制油煤化工公司。坚持“一体化运营一盘棋”，构建“稳定一体化、拓展一体化、超越一体化”生产运营大格局，一体谋划产业链、上下游，推动煤电协同、煤化协同、产运协同和运销协同发展，持续巩固煤电路港航油一体化、产运销一条龙的独特优势，不断提升管控能效和服务水平。

近年来，国家能源集团不断完善集疏运配套体系，优化运输组织，推动重载技术创新，打造安全智慧高效绿色的现代化运输体系，产业链高效联动，运输生产组织能力大大提升，铁路货运量、两港装船量、航运货运装船量等指标持续改善，为一体化运营做出积极贡献。

4.2 重载铁路车站里的故事

4.2.1 装车站是大力士的食堂

线路是重载列车在上面跑的部分，那大力士是在哪里装货的呢？不要着急，我们的主角装车站即将登场。

装车站是办理重载列车货物装车作业的车站，重载列车的装车地多为矿山。重载列车既然叫大力士，自然会有一些跟普通货运装车站的装车不一样的地方。由于重载列车装的多，这就要求采用高效率的装车设备及高效率的装车作业组织模式。

通常重载列车装车方式有两种，一种是环线装车，另一种是贯通式装车。

顾名思义，环线装车的路线是一条环状的线路（如图 4.2 所示）。采用环线装车时，在环线上的合适位置装设漏斗仓或者高架溜槽，煤炭或者矿石就通过皮带输送机输送到漏斗仓或高架溜槽里面，通过计算机自动控制，定量装进下面沿环线通过的敞车里。在装车过程中，列车不停车，而是匀速通过装卸线，就跟可口可乐的流水线作业一样。这样，在装车过程中列车不用解体和重新编组，大大提高了装车效率，采用环线装车方式，每小时可装车 7 000~10 000 t。

图 4.2　环线装车

因为设置装车环线需要开阔的地形，占地面积大，有些地形条件较差情况下就很难施展，此时贯通式装车方式就能很好的解决了这一问题。采用贯通式装车时，装车线的长度应该满足能够停放一列列车的长度，在装车完毕之后，需要通过回转线牵引折返，如此一来，相比环线式，其装车效率就大大降低了。

装车站除了设置装车环线或者贯通式装车线之外，还要根据每天到达车站的列车数，设置到达线和出发线，用来接入到达车站的列车或者从本车站发出列车。必要时，还要设置牵出线和站修线，二者配合工作，牵出线用来将有损坏但损坏程度不大的车辆牵引拉出，放到站修线上临时检查修理。

国家能源集团神朔铁路共有 19 个车站，其中 12 个为装车站。朔黄铁路目前开通的有 5 个装车站，其中有 4 个站装煤，以宁武西站最大。值得一提的是，2020 年 5 月 1 日，朔黄铁路单日装车完成 18 列 7.04 万 t，刷新了单日装车最高历史纪录，2020 年 5 月 11 日，朔黄铁路单日完成 252 列 106.1 万 t 运量，再次创下单日运量历史新高。

由于重载列车装运货物和装卸地点的特殊性，一般情况下重载线路上列车装载货物情况是不平衡的，也就是说从矿山到港口 / 电厂方向，列车是整列装满货物的，但从港口 / 电厂返回矿山的方向，列车是整列空车。那么，有一个问题来了，大力士在装车站如何组织装车呢？下面我们将从两个方面来了解一下。

1. 组织装车地直达列车

就是由装车站利用自有车辆直接编组直达列车，直达列车在装车站组织之后，将被直接送往卸车站，或者将其运送到特定的技术站，所以，沿途的全部或大部分技术站将不会改编，直接通过这些车流，也就是说在技术站只是停留，并不进行列车的解体和编组作业。这样一来，有以下好处：

首先能够减轻沿途改编工作作业的技术站的负担。组织直达列车后，直达列车在沿途有关技术站无改编通过，减少了这些车站的改编作业车辆数。这对改善车站作业条件，缓和改编能力紧张都具有重要意义。

也能缩短货物送达时间和加速车辆周转速度。由于直达列车在运行途中不会在技术车站内进行改编工作，因此其运输的效率非常高，进而能得到较好的经济及社会效益。

还可以为列车运行能够产生稳定秩序创造有利的条件。直达列车包含的直达车流较为稳定，基本上可以保证每日开行，为稳定列车运行秩序奠定了基础。

另外也配合了厂矿企业生产。组织直达列车可以促进物资产、供、运、销各个部门之间的关系，使它们相互配合、密切合作，并且能够减少中间作业工作的环节，让货流组织和车流组织二者之间环环相扣，使得铁路能够更好的服务我国的经济建设。

2. 日历装车

当某个方向的车流量不足以编组装车地直达列车时，也可考虑采用日历装车的方式。

日历装车是按照日历分别组织不同去向或组织不同货物品类来承运货物的装车组织方法，它的主要目的是通过在一天集中办理同品类或同方向的货

物，来扩大直达或成组装车的数量，提高运输能力和设备的利用率。

我们举个例子，有个车站每天各有 A、B、C 三个去向的日装货车 20 车，如果分散装车运输，则 A 去向的货车一列就只有 20 车，铁路机车成本高，如果 20 辆车占用一台机车太过浪费，因此到技术站后这列车需要与其他去往 A 的货车集结，把一列车的车辆数凑到标准，再继续前往 A 地。而采用日历装车的方法，以 3 d 为一个周期，按日历在 3 d 内分别装车，则就可以凑成 60 辆车，达到标准，直接组织装车地直达列车，跟刚才的方法相比，省去了技术站集结作业流程。日历装车是我国铁路在日常计划中经常采用的组织方法，重载铁路货物品类单一、去向相对集中，非常适用于采取日历装车措施。

4.2.2 卸车站的大型“翻车”现场

我们都知道一趟蜿蜒数公里的重载大力士挂有上百节车厢，这么长的火车该如何卸货？大家不会以为是靠工人用铁锹铲的吧？其实在重载铁路卸车站有一种神奇的操作，那就是大型“翻车”。之前我们在介绍车钩的时候提到过重载煤炭运输专用车辆上有一个特殊的车钩叫旋转车钩，在这个时候就发挥作用了。卸车站利用翻车机，将几辆车作为一个整体不摘钩一起翻转，货物就倾倒进装卸线下布置的货仓里。

图 4.3 所示就是翻车机作业现场，煤炭从翻转的车厢里倾倒而出，场面十分壮观！

图 4.3　翻车机卸煤

翻车机是一种专门翻卸铁路敞车散料的大型机械设备，翻车机卸煤系统卸车效率高，对车辆损伤少，能改善值班人员的工作环境和便于实现机械的自动化控制。随着国民经济的持续发展，火力发电厂、冶炼厂、水泥厂、港口、矿山的建设所需的火车运输的散状物料如煤炭、焦炭、矿砂的用量大幅增长，大型现代化企业广泛应用了翻车机卸车系统。根据结构形式可分为转子式、侧倾式、端卸式、复合式等，其中使用最广泛的是转子式翻车机，转子式翻车机的特点是自重轻尺寸小，但地面土建费用比较大。侧倾式翻车机使用的比较少，其特点是自重比较大，消耗功率大，土建的费用相对要小一些。单车翻车机的效率一般在 18~25 节 /h，为提高效率，多节翻车机采用不摘钩敞车。

那么到底怎么翻？首先重车调车机牵引满载的列车行进至翻车机前，再通过拨车机进行定位，车厢自动摘钩分离，随后翻车机将车辆紧紧“抱在怀中”。翻车机启动后带动车辆旋转，作业过程中会通过油路压力再次检测固定情况，翻转至 165° 时减速制动，振动器振动 3 s，确认煤炭全部倒出后回转复“0”位。完成卸煤后，拨车机将空车牵出，并通过迁车台带离，同时再次牵引满载车辆进入翻车机进行下一个循环。重载铁路煤炭车装卸车作业见视频 4.1。翻卸过程看似简单却需要多个设备和系统的精准配合。

视频 4.1 重载铁路煤炭车装卸车作业

翻卸煤炭会产生大量粉尘，所以防尘工作也是翻车机作业中的重要一环。翻车机配备的负压除尘系统会根据不同情况，使用喷水或喷雾装置进行除尘，保证车间内粉尘控制在安全标准，避免二次污染。

现在大家知道重载列车怎么卸货了吧！

延伸阅读：厉害了！国家能源集团黄骅港煤码头的卸煤翻车机

黄骅港坐落于渤海湾穹顶处，是一座年吞吐量达 2 亿 t 的煤炭输出港。1998 年至今，国家能源集团已在这里已建成 17 个煤炭泊位、2 个杂货泊位和 1 个油品泊位，可最大停靠 10 万 t 级货船。黄骅港也是国内首家实现全流程智能化的煤炭港口，实现了从煤炭翻卸、存储、取装的全流程自动化，整个作业过程均通过设备监测和计算机编程，实现自动化管控。

2020 年 5 月 20 日，国家能源集团黄骅港煤码头“卸煤翻车机作业现场”视频刷爆网络，8 倍速状态下的卸煤翻车，乍一看还以为是 3D 效果。据介绍，黄骅港其装备的 O 形转子四翻式翻车机，一次两组可翻转 8 节车厢，20 s 可完成车体 180° 翻转，煤炭仅需数秒即可卸载完毕，网友称之为大型自动翻车现场。卸煤期间，还有喷雾抑尘装置和布袋除尘系统同时在工作。图 4.4 所示为朔黄铁路黄骅港站。

图 4.4　黄骅港站

4.2.3　车站到发线有效长是什么?

所谓的车站到发线，就是车站用来接入到达车站的列车或者从车站发出列车时占用的线路。那么什么是车站到发线有效长呢？为什么要专门介绍它呢？因为“到发线有效长”是重载铁路关键性技术标准之一，直接关系到重载铁路列车的组织形式以及列车运行安全、运输能力、工程造价、运营支出和经济效益等一系列问题。

简单来说，车站到发线有效长（如图 4.5 所示），就是在车站到发线上可以供列车停留同时不妨碍车站其他线路上列车的正常运行、或者车站调车作业所需要的股道长度，可以简单理解为列车进出车站使用的线路长度。

我们的大力士重载列车又长又大，应该选择合理的到发线有效长度，这对于列车运行安全和车站工作效率非常重要。重载铁路技术站到发线有效长度由衔接各线的牵引质量、机车车辆类型、限制坡度和安全附加距离等因素综合确定。

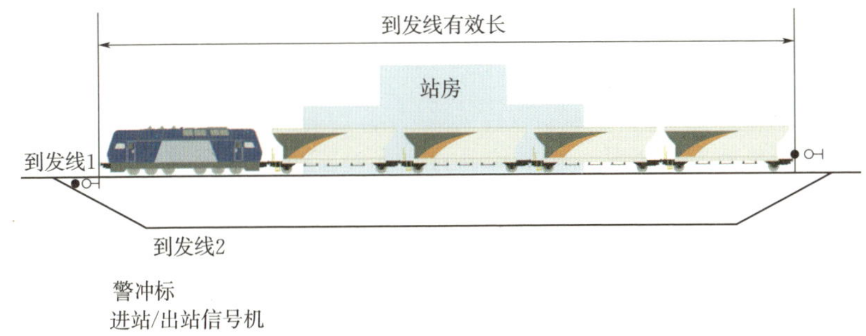

图 4.5　车站到发线有效长

新建重载铁路组合分解技术站到发线有效长度的确定有两种情况，当牵引质量为 1 万 t 时，到发线有效长度宜采用 1 700 m。当牵引质量为 2 万 t 时，到发线有效长度宜采用 2 800 m。

改建重载铁路组合分解技术站到发线有效长度的确定，在综合考虑所衔接各线牵引质量、机车车辆类型、限制坡度及联挂方式等因素的基础上，还应考虑车辆使用年限期间内不同车型对有效长度的影响。如大秦线 1 万 t 列车到发线有效长度采用 1 700 m，2 万 t 列车到发线有效长度采用 2 800 m；朔黄线 1 万 t 列车到发线有效长度采用 1 800 m，2 万 t 列车到发线有效长度采用 2 800 m。图 4. 6 所示为朔黄铁路灵寿站。

图 4.6　朔黄铁路灵寿站

延伸阅读：安全附加距离的确定需考虑哪些因素

列车进站制动距离有一定的波动范围，理论上安全附加距离应该大于列车制动距离的波动范围。因此，确定安全附加距离关键是确定列车进站制动距离的波动范围，需要在分析各个相关因素对制动距离影响的基础上，分析列车制动距离的波动范围，从而确定安全附加距离。影响进站停车制动距离的因素包括：

（1）司机操作的差异。司机的操作水平对安全附加距离的影响是关键因素，具体表现在对车性的熟悉程度和操作经验，有经验的司机不但能把车停稳，还能把车停到指定的位置范围，所需的安全附加距离小；水平一般的司机，需要的附加距离大。司机操作水平差距所需的附加距离大致在 30~60 m。

（2）列车制动系统部件的状态、性能。为确保运输安全，目前国内机车上都安装了运行监控装置，使安全系数大大提高，减少了事故的发生，同时也使司机按标准操作，以保证列车运行的安全；尤其是列车进站停车时，司机会特别小心，控制列车的速度不超过运行监控器的限速，并做到随时停车。随着这一装置技术的不断完善，可以减少许多人为因素影响，使安全附加距离相对缩小。

安全附加距离涉及到的因素很多，它与制动距离、重载列车牵引质量大致成正比关系。安全距离越大，投资越大，风险越小；反之亦然。因此，安全附加距离的确定应综合考虑安全投资与成本效益。通过对现有重载铁路的运营调查及理论分析，基本取重载列车长度的 10% 作为安全附加距离，能确保列车运行安全。

4.2.4 重载列车神龙见首不见尾

组合式重载列车，是由两列及以上的同类货物列车首尾衔接，组合成一个整列，牵引机车位于列车的头部和中间。这种列车由于由两列普通货物列车组合而成，因此具有超长的车体，所以可以称之为“神龙见首不见尾”。

组合式重载列车在我国运用也较为广泛，可以在装车地和卸车地进行组织，也可以在技术作业站进行编组，列车直接到达卸车站和装车站解体编组，并无严格的限制，但是为了更好的应对组合列车的车流组织，铁路部门专门设置了一种车站叫做重载列车组合站。

与普通编组站编组列车相比，重载列车的组合都是长大列车之间的组合，而且组合作业是在到发线上完成。其过程大致为：列车到达某一股道停稳后进行摘机车、相应的技术检查，等待与之组合的其他列车的到达后，再连挂本务机车（列车头部机车），并由中部机车负责列车的组合。列车进行组合后载重量变得更大，因此列车占用出发咽喉的时间更长，以至于会影响到后续列车的出发，所以车站的出发咽喉将成为影响车站通过能力的主要限制点。

目前，重载列车组合作业主要有 20 000 t 列车的组合和 10 000 t 列车的组合。20 000 t 列车可以由 2 列 10 000 t、4 列 5 000 t 或者 1 列 10 000 t 和 2 列 5 000 t 列车组合而成，10 000 t 列车由 2 列 5 000 t 组合而成，列车组合作业有利用本务机进行组合和利用调车机车进行组合两种作业方式。例如，由 2 列 10 000 t 列车组合成 1 列 20 000 t 列车是目前大秦线上运用最广泛的一种组合模式，机车连挂方式为 4 台 SS4 采用 1+2+1 模式或 2 台 DJ4 机车采用 1+1 模式，列车的编成辆数为 210 辆。具体流程有：

①一列列车到达组合场内有效长为 2 800 m 以上的某一空闲线路的前半段，摘机车、机车入库或转场，若需要技检，则对车列进行技检；

②第二列列车达到同一线路的后半段，摘本务机车、机车入库或转场，若需要技检，则对车列进行技检；

③本务机车、中部机车、尾部机车出库并分别从线路头部、中部（经腰岔）及后部入线，本务机车与前半部车列连挂，中部机车和尾部机车分别从两端与后半部车列连挂；

④机车挂好后，由车站人员指挥，按调车作业办法凭开放的调车信号，中部机车牵引后半列车与前半车列连挂，完成组合；

⑤组合完毕后，由本务机负责建立机车间的分布式制动控制（Distribute Power Control，DP）关系，它是通过 GSM-R 或 LTE-R 无线通信建立机车之间的同步操纵。

小贴士：什么是车站咽喉

车站两端道岔汇聚的地方，是列车到发、调车等各种作业的必经之地，所以形象地称之为车站的咽喉区，简称“咽喉”。咽喉区是是整个车站最重要的区域之一，也是列车运行和调车工作作业最繁忙的地方。它的布置是否合理，对作业安全与效率、工程费和运营费有很大影响。图 4.7 所示为扩能改造后的神池南站下行场东咽喉全景。

图 4.7　扩能改造后的神池南站下行场东咽喉全景

延伸阅读：朔黄铁路组合重载列车发展过程

2009 年 10 月，首列万吨组合列车平稳驶出神池南站，朔黄铁路正式跨入重载铁路运输的行列。2010 年朔黄铁路日均开行万吨列车 12 对次，到 2013 年 10 月，日均开行万吨列车已达 45 对次左右。

2016 年 3 月，朔黄铁路 2 万 t 重载列车正式开行。2 万 t 重载列车编组模式为 1+1+ 可控列尾，牵引动力采用了 2 台神华号大功率交流机车牵引 216 辆 C80，牵引总重 21 600 t，载重 17 280 t，总长 2 662 m。朔黄铁路 2 万 t 列车的顺利开行开创了国内搭载 LTE-R4G 网路系统 2 万 t 重载列车的先河，创下了国内在曲线半径小，线路坡度大，操纵难度高的线路上开行 2 万 t 重载列车之最。

2020 年 7 月，1.6 万 t 重载列车在神池南站正式发车，标志着朔黄铁路 1.6 万 t 重载组合列车的正式开行，朔黄线重载列车编组模式进入新常态。本次 1.6 万 t 重载组合列车采用交直流 1+1 组合列车编组方式，由 HXD1 交流机车 +108 辆 C80 重车 +SS4B 直流机车 +66 辆 C64 重车 + 可控列尾编组，是基于 1 万 t 与 2 万 t 重载列车之间的一种新型编组模式。成功开行后，可实现朔黄线任意车型的随机组合，增加列车编组的灵活性，进一步缓解神池南站“咽喉”运输组织压力，提高机车和车辆的周转效率，释放朔黄铁路的运输能力。根据测算，1.6 万 t 重载列车进一步规模化开行后，朔黄铁路运输能力可提高 15%。

4.3 重载列车发达智慧的大脑

4.3.1 长龙般的重载列车动作协调的奥秘

重载列车如巨龙般飞驰在蜿蜒的重载铁路上，那么它是如何保持从头到尾动作高度协调一致呢？让我们一起来探索其中的秘密。经过多年的研发实践，在世界重载运输领域，先后发展出了三种技术手段，分别是“传统的多机集中重联控制技术”“动力分布多机有线重联同步控制技术”和“动力分布多机无线重联同步控制技术”。

传统多机集中重联控制技术比较简单，就是将机车全部放在列车最前端，通过多台机车联合牵引以提高列车牵引能力。由于列车制动采用压缩空气，空气的压力波传播速度大约是 210 m/s，在列车制动管中传播需要一定时间，当前车开始制动的时候，后车不能同时接到制动指令，使得前后车辆的制动无法做到同步，车辆间产生纵向冲动，特别是随着牵引质量的提高，车钩受力更加恶化。采用这种控制手段的列车编组不能太长，牵引质量通常不超过 1 万 t。

动力分布多机有线重联同步控制技术是将机车分别放置在列车的不同位置，通过车辆间的有线通信网进行机车间的协同牵引控制和车辆制动。车辆上安装电子制动控制单元，通过列车通信网同步进行车辆空气制动，空气制动及缓解的速度提高，前后车辆的制动一致性很好，车辆间纵向冲动小。这种控制技术优点很明显，但是存在车辆改造成本高的缺点。

动力分布多机无线重联同步控制技术通过无线方式构筑通信的桥梁，主控机车通过机车同步控制系统发出控制命令，经无线传输系统控制其他的从控机车，从控机车根据主控机车的控制指令及本车的情况实时控制运行，从而达到各从控机车与主控机车之间协调同步运行。美国在这项技术领域具有很强的优势，研制的 LOCOTROL 是该领域的代表产品（原理如图 4.8 所示）。

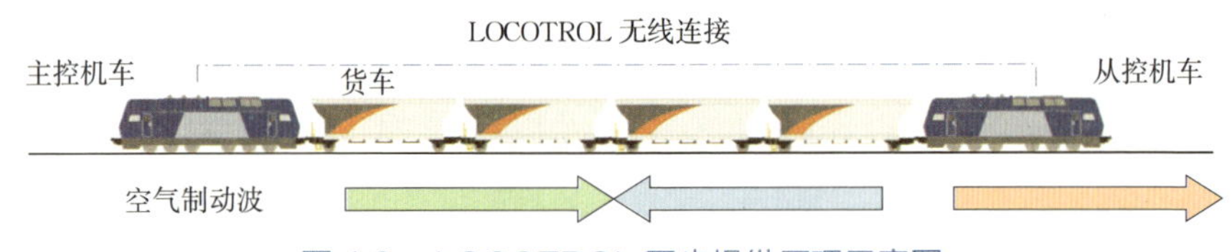

图 4.8　LOCOTROL 同步操纵原理示意图

近年来，朔黄铁路考虑到改造成本、作业方式等各方面现实原因，有线方式技术推广具有很大难度，为此联合科研单位和主机厂共同研发了具有完全自主知识产权的新型机车无线重联同步控制技术 TEC-TROMS，填补了国内空白。TEC-TROMS 系统远程无线重联控制时，主控系统可实时检测主控机车司机指令并通过数字电台进行无线传输。所有从控机车在收到指令后自动按要求调节各自状态，控制重联机车的牵引或制动，从而达到同步目的。对机车运行时的牵引力发挥进行实时调节，减小重载组合列车车钩纵向缓冲力，比普通重载列车降低近 26%，保障列车平稳运行。TEC-TROMS 系统通过 800 MHz 无线电台、接触网导线 400 kHz 无线感应通信、LTE 方式传输相关信息，大幅提高了数据传输的可靠性和稳定性，从而确保列车运行安全。

通过以上的介绍，相信大家一定知道重载列车为什么能够步调一致的运行了吧！

4.3.2　宛如棋盘的重载铁路列车运行图

不知道大家有没有想过，整个铁路网那么大，我们的列车是如何保证安全有序的运行，或者铁路工作人员是如何引导列车向正确的地方运行呢？大家平时坐火车出行，对于准时性的要求特别高，而铁路部门也规定了每列列车几时几刻到哪个站，在站停留多久。为什么会这样呢？其实类似于学生的课程表，每一节课的开始时间、时长都有具体的规定，铁路中也有同样的规定，但在铁路中这个规定是以“图”的形式出现，这个“图”就是我们这节要给大家介绍的列车运行图。

列车运行图是一种被应用于铁路行业内的专业性技术文件，主要用来表示列车在铁路区间内运行以及在车站到达、发车或表示列车的通过时间的专用图，它可以规定每一辆列车占用区间的先后顺序。以上的这几点其实也是整条铁路线路组织列车运行的基础。除此以外，全路列车运行的基础还包括列车在车站的停站时间以及机车交路、列车重量和长度等因素。

列车运行图表面上仅仅只规定了列车到达一个铁路区间的先后顺序和占用该区间的停留时长，但其实际上则规定着有关各部门关于列车运行的相关工作。

例如，每一列列车到站和发车的时间之所以能被各个车站精确掌握，车站就是根据列车运行图来判断的，还包括车站行车工作的安排、调度列车车辆的工作和车站整体的运输计划工作。运行图把每天的需要标注出来，然后机务部门就可以据此确定每天要派出的机车数量、每辆机车的派出时间，以及安排列车上乘务员的作息，计划供电等部门应按列车运行图的要求组织施工及维修工作等。因此，列车运行图既是行车组织工作的基础，又是联系各部门工作的纽带，也是铁路运营管理工作的综合性计划。

那么列车运行图是什么样子呢？列车运行图是一种把列车运行时间和空间关系表示在一张图上的图解形式，其采用的原理是坐标原理，简单来说就是用垂直于横坐标的直线将横轴等分来表示时间。根据等分数量的不同可以将运行图分为两等分格、十等分格运行图分为二分格运行图、十分格运行图和小时格运行图；将纵轴按一定比例用横线加以划分，每一横线表示一个车站的中心线，大站或有技术站作业的中间站用粗线表示，小站用细线表示；由于列车速度的不断变化本来是一条不规则的曲线，为简化起见将列车运行线画为斜直线。图 4.9 所示，是不是像一个棋盘呢？

列车运行图根据铁路线路的技术设备、列车速度、相向行驶的列车数量、列车运行方式等条件可以分成多种类型。按列车行驶速度的不同，我们可以把列车运行图分成平行和非平行两类。那么究竟什么是平行列车运行图呢？简单来说就是在铁路线路上，同一方向的火车在相同的区域内它们的行驶速度是一样的，将其转化在列车运行图上，就能看到表示这些同方向的列车的行驶轨迹的线是相互平行的，如图 4.9 所示。同样的道理，如果在区段内，有各种速度不同的列车，那么它反映在运行图上肯定是不平行的，这就是非平行运行图。

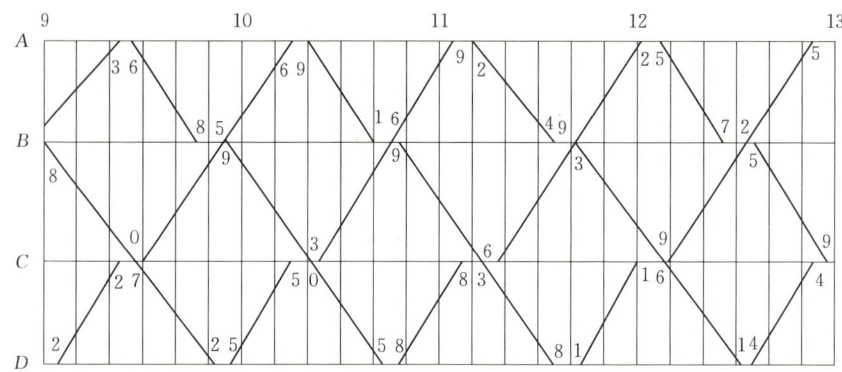

图 4.9 单线平行运行图

重载铁路由于所运行列车种类单一，所以这条线路上行驶的列车的速度基本上是一样的，那么这条铁路上列车的列车行驶图就可以归于平行运行图的行列里面。在编制重载货运专线列车运行图之前，还需要确定组成列车运行图的各项要素。

重载铁路的列车运行图主要包括以下的要素：列车在区间内行驶的时分、在中间站列车临时停车的时间、在基本路段和折返路段所在车站的列车停留时间标准、列车在技术车站（编组站、组合站）、装卸车站的技术工作作业过程及其主要作业时间标准和车站间隔时间等。有了这些，我们便能在图上铺画出属于重载铁路的专属运行图了。

4.3.3 重载列车也离不开“大交警”的指挥

不管是普速列车、高速列车还是重载列车，只要铁路上有列车在飞驰，它们绝对不是盲目乱开的，而是有一个大手牢牢地将它们控制着，通过行车命令，指挥司机驾驶。这个无所不在的大手，就像“大交警”一样，指挥着重载列车司机安全驾驶，那么它到底是谁呢？它就是调度系统。

我国的铁路列车调度指挥系统简称 TDCS，TDCS 是实现铁路各级运输调度对列车运行透明指挥、实时调整、集中控制的现代化信息系统。系统利用信息技术、网络技术、控制技术等现代化手段取代了传统落后的行车指挥手段，通过铁路既有专用数据通道，将各级调度中心和车站连接成一个实时、可靠、安全的 TDCS 网络。顶层的调度中心是总头领和核心，中间层调度中心是二级系统（图 4.10 所示为朔黄铁路调度指挥中心），同时也是调度指挥的实施单位，各个车站是 TDCS 的接收终端，由车站的值班员执行调度中心的各项指令，传达给铁路司机，从而实现安全行车。这种传统的调度集中系统存在很多缺点，实际执行过程中也不太好用，比如系统的智能化程度不高、调度中心只管行车不管调车，使得中心的控制权与车站的控制权频繁交接，降低使用效率，同时可靠性差，无线通信手段也不能满足越来越繁重的调度工作要求。

图 4.10　朔黄铁路调度指挥中心

为了解决上述问题，铁路科技工作者将 TDCS 进一步发展，就演变出分散自律型调度集中系统，简称 CTC。自律分散调度集中就是基于 TDCS 的现代计算机技术、网络技术、信息处理技术和智能化软件，以列车运行阶段计划控制为中心，兼顾列车作业的高度自动化，将列车运行阶段计划下传到各个车站的自律机中自主自动执行。分散，指的是设备分散、功能分散，从而将危险也分散降低。自律，指的是设置在车站的自律机对不同来源的指令进行协调，从调度中心到车站的控制权不再转换，从而自动实现系统对车站信号联锁装置的控制。

我国铁路局调度所设置的调度员一般包括计划调度员、行车调度员、货运调度员、客运调度员、机车调度员等。行车调度员负责管辖区段内与列车运行有关的工作；货运调度员负责管辖区段内装卸作业及管内重车的输送工作；机车调度员负责机车运用工作；客运调度员负责旅客计划运输及客车的运用；计划调度员在值班主任领导下负责制定运输工作计划并监管实现。此外，铁路局调度系统内还可能设有施工调度员、车辆检修调度员、特种运输调度员等。

一般情况下，在普通线路上也可以组织重载运输，如我国京广线、京沪线等。因此，在普通线路上，重载运输组织与非重载运输组织大致相同，一般不设专门的重载运输调度。

而在重载列车专线上，其运输组织条件则存在差异，调度工作呈现出一定的特殊性。由于在线路技术标准、设备配置与列车运行组织方式等方面与普通线路存在较大不同，重载货运专线调度工作组织大多由独立的调度部门完成。这个独立的调度部门可能是独立组建的重载货运公司的调度所，也可能是某个铁路区域范围内独立的重载线路运输调度台。

延伸阅读：列车调度指挥手段

我国的列车调度指挥系统主要是 TDCS 与 CTC 系统。

TDCS 是行车调度组织工作的重要工具，负责列车运行图的辅画生成与调整，各类施工封锁的安排与调整，生成阶段计划下达到车站后，由车站值班员根据实际情况安排列车进路。自 2004 年 TDCS 投入运用以来，改变了以往传统的人工作业模式，依靠计算机信息技术实现运行图绘制、调度命令及列车运行调整计划自动下达等功能，极大提高了调度工作效率。

CTC 系统由调度中心系统、车站系统、网络通信系统等三部分构成。系统综合了计算机、网络通信和现代控制技术，采用智能化分散自律设计原则，实现以列车运行计划线控制为中心的调度指挥自动化系统，具备列车进路自动选排、车站信号设备集中控制、列车运行实时监视、车次号自动跟踪及校核、到发点自动采集、运行图自动生成、日班（阶段）计划调整、调度命令、无线调度命令、限速命令网络下达、车站列车运行日志自动生成等功能。

5 百般呵护

5.1 日常体检无微不至

重载列车在轨道上铿锵奔驰，绵延数公里。它们之所以能够安稳运行，离不开钢轨、道岔、道砟、路基、桥梁、车站等必要的铁路设备，也离不开通信、信号、牵引变电等必需的电气化和信息设备。列车本身还要不出毛病，各方加持，不出错误，才能保证安全，顺利完成重载的运输任务。

就像汽车需要定期保养一样，重载铁路对于维修更是非常重视。重载铁路是由路基、轨道和桥隧建筑物组成的整体工程结构，任何部分的损坏都将影响整个系统功能的发挥。随着机车车辆的不断碾压和长期的列车荷载作用，线路的轨道几何形状和几何尺寸不断变化，路基及道床不断产生变形并下沉，钢轨、联结件及轨枕不断磨损，致使线路设备的技术状态趋于恶化。为使线路长期保持良好状态，确保列车运行安全，既要保证日常的体检不能缺失，又要通过养护维修保证铁路设备长期处于健康安全状态。图 5.1 所示为整装待发的重载列车。

图 5.1　整装待发的重载列车

除此之外，重载铁路的真正核心——重载列车是实打实的“光环主角”，其性能的好坏直接影响着整条线路的运输效率和运输能力，因此重载铁路所有的设备和技术都是围绕着重载列车进行服务的。

5.1.1 “车辆大夫”功劳显著

对于重载列车和机车而言，要想保证它们的性能良好，运行中不出意外，日常体检是必不可少的。这些为重载列车日常检查身体的“车辆大夫”们，一个是兢兢业业的货车检车员，另一个就是重载机车故障遥测监控系统。

如果我们有机会深入到铁路货运一线，在一些停靠货车的车站里面，总会发现有几个戴着工作帽、穿着蓝制服的铁路职工，手里拿着一根小锤，时不时地对车辆底盘敲敲打打，这些人就是货车检车员，传说中的“车辆大夫”。他们的日常工作就是对货车车辆进行检查，称之为“列检”，手里最重要的工具就是一把钢制列检检车锤，通过检车锤敲击车辆不同部位，判断是否存在故障，并及时维修消除安全隐患，做好应急处理。

检车员利用铁路列检检车锤，通过敲击螺丝听声音，来检查车辆的连接件是否有松动；通过敲钢板弹簧，发现部件缺损或者裂纹，从而检查车辆部件有没有故障。除了敲击听声音之外，检车员通过敲击部件的手感也能判断出有无故障。对于经验丰富的检车员来说，通过敲击辨音以及部件振动手感就能很快发现问题所在，并及时作出处理。当然，对于 12 mm 以下的螺丝、非钢质和压力部件是不能用检车锤敲击的。

另一位“车辆大夫”就是重载机车故障遥测监控系统。对于重载机车而言，安全保障更是至关重要。早在 2001 年，美国 GM-EMD 公司就为重载机车开发了 IntelliTrain 机车故障遥测监控系统，采用这套新型的无线遥测遥控系统，可以对每一台机车实施全寿命服务，大大提高了机车使用率，降低全寿命周期成本。

2003 年 IntelliTrain 系统正式投入使用，安装了这一系统的机车不论在何处出现了故障，机车上的传感装置都能自动检测故障并通过无线通信系统将故障情况、机车车号等信息直接发送到服务中心。服务中心立即通知就近的维修工程师携带备件去机车现场更换备件并检测性能。在消除故障后 IntelliTrain 系统发出信息告之服务中心，机车已能正常投入使用。

我国自主开发的中国机车远程监测与诊断系统（CMD 系统），通过对机车运行状态的监测，可实时掌握全路机车分布，进一步提前预告机车质量状态，指导机车故障应急处理，减少机车运行过程中发生机械或电气故障而被迫停车的非人为的事故，快速定位故障，确定修程，有效减少机车故障处理时间。

5.1.2 轨道旁边的“火眼金睛”

重载列车的运行是一个时时刻刻动态变化的过程，车辆的安全性至关重要。面对异常复杂的运行环境和自然条件，需要建立一个动态的安全保障信息系统，包括动态的检测和监测网络，以实现对影响行车安全的重要因素进行全天候监测。

保障列车安全运行，哪个部件最重要呢？很显然，当仁不让就是列车的走行部，也就是“脚”。所谓基础不牢，地动山摇。走行部的安全与列车的运行安全休戚相关。一旦这个部件发生故障，若不及时发现和处理，就会造成严重的后果。

为了防止列车断轴、倾覆等严重事故的发生，铁路部门建立了严格的车辆走行部的检修制度，并在全路范围内建立了红外轴温监测网络系统，起到了很好的效果。然而，列车不断运行，车轮随时受到巨大的冲击和磨耗，仅仅依靠定期的检修制度是不能满足要求的，必须建立列车走行部检测和监测系统，及时掌握列车走行部的动态参数的变化情况，随时监控列车的运行安全。

人感觉身体不舒服就要去医院检查和治疗，同样，重载列车满负荷运行，一些部件因为磨损而“生病”或者出现故障也是不可避免的。这就需要我们主动去给车辆做体检。重载列车安全运行，最重要的是车辆的车轮、转向架等走行部分要万无一失，所以世界各国就研制出来种类繁多的面向车辆走行部的安全监测系统。

小贴士：什么是列车走行部

走行部是指机车车辆下部引导车辆沿轨道运行，并将机车车辆的全部重量传给钢轨的部分。一般车辆的走行装置由两台二轴转向架组成，而转向架包括两组轮对、侧架、摇枕、弹簧减震装置和轴箱润滑装置等。

我国铁路推行的是“5T 系统”，之所以叫这个名字，是因为这套系统的 5 个子系统英文名字都以“T”开头，包括由红外线轴温探测系统（THDS）、货车运行故障动态图像检测系统（TFDS）、车辆滚动轴承故障轨边声学诊断系统（TADS）、车辆运行状态地面安全监测系统（TPDS）、客车运行安全监控系统（TCDS）等组成，其中前四个子系统和货运有关。

“5T 系统”将不同功能的监测检测设备集成在一起，安装在轨道旁边，时刻监视着车轮、转向架的一举一动，对列车走行部进行关键部件安全检测，是货真价实的轨道旁的“火眼金睛”。

这些子系统的功能各有千秋，THDS 重点探测车辆轴承温度，对热轴车辆进行跟踪报警，重点防范热切轴事故。TPDS 利用安装在铁路正线直线段上的轨边检测平台，动态监测轮轨间的各项技术参数，重点防范货车脱轨事故，防范车轮踏面擦伤、剥离以及货物超载、偏载等行车安全隐患。TADS 可以探测车辆滚动轴承是否产生了故障，防范切轴事故。TFDS 重点盯紧车辆的“腿部”，检测货车走行部、制动梁、悬吊件、枕簧、大部件、钩缓等安全关键部位，重点防范制动梁脱落，避免车辆摇枕、侧架、钩缓大部件裂损、折断，防范枕簧丢失、窜出等危及行车安全的隐患。

总而言之，“5T 系统”采用动态监测技术，通过信息整合、综合预报，实现了车辆运行安全监控手段的重大突破，使得铁道车辆安全保障工作由传统向现代转变，由人控向机控转变，由粗放管理向集约化管理转变。“5T 系统”保障了重载列车的运行安全，通过列车不停车动态检查，大幅度提高运输效率，加快车辆周转，保障运输畅通。

5.1.3 钢轨的专属“听诊器”

如果我们问，重载铁路上谁承受的压力最大、谁维修更换的次数最多、谁用钢铁肩头承载起了重载运输？毫无疑问，钢轨是当仁不让的排名第一的候选者。为何钢轨这么重要？因为这是与列车的车轮直接接触并发生作用的轨道结构。

钢轨要有足够强度，否则在万吨列车的重压下，很容易发生断裂。钢轨还要足够平滑，轨面上绝不能坑坑洼洼，才能保证车轮的无障碍滚动运行。钢轨还要平直，绝不能扭麻花，这样才能安全引导列车前进。

对于铁路而言，钢轨一旦出了问题，轻则影响运输，重则列车倾覆。所以，为了精心呵护好钢轨，使其状态保持良好，各种养护维修手段都与时俱进，而钢轨探伤车就是其中的一种，我们可以形象地称之为“钢轨听诊器”。

1. 钢轨常见的主要病类型

重载铁路运输，年运量动辄数亿吨，对钢轨的磨损非常之大。钢轨不可避免地产生各种病害，主要包括钢轨核伤、钢轨的接头损伤、钢轨出现纵向和水平裂纹，钢轨的轨底出现裂纹、钢轨的焊缝出现损伤等等。

钢轨的核伤是最普遍的一种损伤，即轨头内部出现横向裂纹，占到重伤总数的 40% 以上；钢轨接头损伤裂纹，占到钢轨全部损伤的 20% 以上；钢轨出现的纵向和横向裂纹是由于钢轨轧制工艺不良或受到外力破坏形成的，常出现在轨腰部位；轨底裂纹指的是钢轨底下表面折叠缺陷、锈坑或划痕发展形成的轨底掉块或横向裂纹；焊缝伤损缺陷多是由于在焊接工艺、热处理、焊料质量、推凸打磨等原因造成的，因平面状缺陷减小了有效截面，让车轮与钢轨的接触面积减小，增加了应力，非常容易造成钢轨折断，是最危险的一种损伤。钢轨常见各类损伤比重如图 5.2 所示。

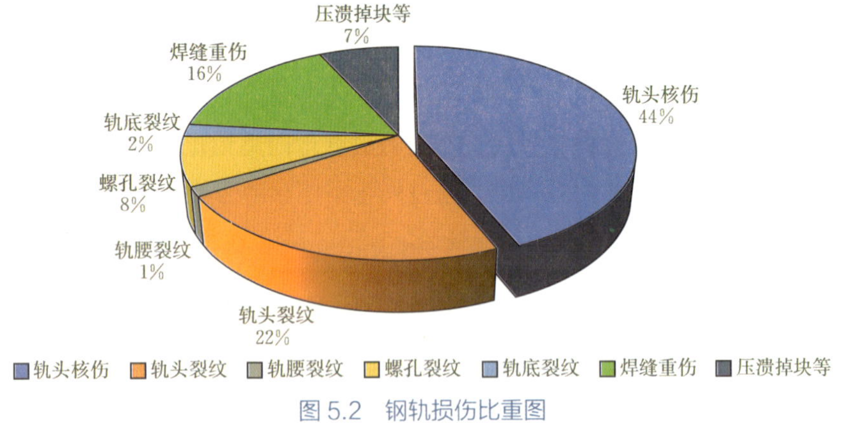

图 5.2　钢轨损伤比重图

2. 钢轨的各类“听诊器”

钢轨产生的各种损伤，既有表面看得见的，也有内部看不见的。这时需要钢轨的听诊器——钢轨探伤车出场了，钢轨探伤车是装在轨道上检测钢轨伤损设备的专用车辆或专用列车。

1928 年 10 月 2 日，美国研制成功世界上第一辆钢轨探伤车，并开始投入使用。此后，各种类型的钢轨探伤车相继出现。

按钢轨探伤车检测原理可分为电磁钢轨探伤车和超声波钢轨探伤车两类。

电磁钢轨探伤车是根据非接触通磁法检测钢轨伤损的，其最佳检测速度为 30~70 km/h（最高可达 100 km/h）这种车辆不能检测钢轨腰部和钢轨接头附近的钢轨伤损。检测核伤的最佳灵敏度仅为轨头断面积的 20%~25%，所以已逐步被超声波钢轨探伤车所代替。

何为超声波呢？我们一般把能引起听觉的机械振动称为声波，频率大致在 20 Hz~20 kHz。频率低于 20 Hz 的机械波称为次声波，频率高于 20 kHz 的机械振动称为超声波，用于钢轨探伤的超声波频率范围为 0. 2~25 MHz。

超声波探伤是依据定向辐射超声波束在缺陷界面上产生反射或使透过声能下降的原理，通过测量回波信息和透过声波强度变化来指示伤损的一种方法。超声波探伤的优点是指向性好，能方便、准确地对缺陷定位；穿透力强、灵敏度高、适用面广、效率高价格低。

目前我国铁路钢轨探伤车按类型可以分为 GTC-40 型、GTC-60 型和 GTC-80 型，其中 GTC-60 型和 GTC-80 型使用数量占了 90% 以上。GTC-80 型钢轨探伤车是我国自主研发的新一代用于探测线路钢轨内部伤损的大型养路机械，由动力车和检测车组成，车辆的动力单元与检测设备分别置于 2 台车上，避免了噪声和振动对检测系统的影响。整车由车体、车架、动力单元、传动系统、制动系统、走行系统、液压系统、电气系统及超声波探伤系统、轨道状态巡检系统、钢轨轮廓检测系统等组成。最高持续探伤速度达到 80 km/h，具有独立行走功能，并可与国内铁路车辆进行连挂，是铁路线路维护与检测部门的重要设备。

5.1.4 轨道上的“全科医生”

对于线路设备检查的两种方法，无论从工作效率还是工作时间方面，利用检测车检查线路设备都要比手动静态检查要高得多，这也是世界很多国家大力发展综合检测车的主要原因之一。

综合检测车不仅仅检测轨道，还检测接触网、信号设备、通信设备等。可以说，只要开着一辆综合检测车在铁路上跑一圈，上述设备的检查都尽收囊中了。所以称综合检测车为轨道上的“全科医生”恰如其分。

铁路综合检测车的发展已经有 140 多年的历史。早在 1877 年就诞生了世界上第一辆简易的轨道检测车，此后，综合各种静态检查设备和手推式检测工具使用的基础上，在 20 世纪 40 年代，瑞士、德国、美国、法国和日本相继研制成功了轨道检测车，运营速度在 60 km/h 左右。

经过百年的发展和不断改进，综合检测车已经成为养护维修设备中重要一员，并随着技术的进步而不断改进，激光、摄像、图像处理、非接触测量、计算机网络以及无线通讯都为检测车插上了腾飞的翅膀，最先进的综合检测车不但可以检测轨道，还可以检测电力接触网、信号、通信等设备。

我国轨道检测车的研发时间是 1953 年，经历了 1962 年的第二代、1986 年的第三代、1987～1995 年的第四代和 1999 年的第五代产品，获得了广泛的应用。

在 2014 年由朔黄铁路公司主导研发成功适应于重载铁路的综合检测车（如图 5.3 所示）。这是世界上第一台专门为重载铁路研制的综合检测车。综合检测车不是简单地将多个成熟的检测系统整合在一起，而是对检测车的系统集成的各种关键技术进行针对性研究，包括各种检测设备在车上如何布局、检测设备与列车的接口如何协调、车载多专业的检测数据如何集成在一起……解决好了这些问题，综合检测车才能发挥巨大作用。

图 5.3　朔黄线综合检测车

朔黄铁路的综合检测车最高运行速度为 120 km/h，检测速度为 80 km/h，由三辆车组成：1 号车集成了钢轨超声波探伤、LTE-R（宽带通信系统）无线场强、信号动态及路基道床检测系统；2 号车集成了轨道、接触网检测和综合系统；3 号车提供全车的用电和生活保障设施以及红外线动态检测系统（见视频 5.1）。

视频 5.1　重载铁路综合检测车

那么，综合检测车都能够做哪些事情呢？它的关键技术有什么过人之处？总结起来，它具备如下多项检测功能（如图 5.4 所示）：

（1）轨道检测：包括轨道几何检查、波浪磨耗检测、断面磨耗检测、轨道巡检、建筑限界和环境监测等六个子功能。轨道几何包括检查钢轨间距、高低、水平，中心线是否偏离，是否扭曲变形，轨道中线三维坐标是否保持原位。波浪磨耗检测主要检测钢轨是否波浪形磨耗过重、超出了安全使用范围。断面磨耗检测可以检测钢轨垂直磨耗、侧磨和总磨耗，辅助实现钢轨寿命管理。轨道巡检可实现对钢轨的表面擦伤和扣件的应用情况进行检测，代替人工巡检。建筑限界功能是在行进过程中输出基于钢轨顶面的建筑物轮廓数据。环境检测可对线路周边环境进行实时监测。

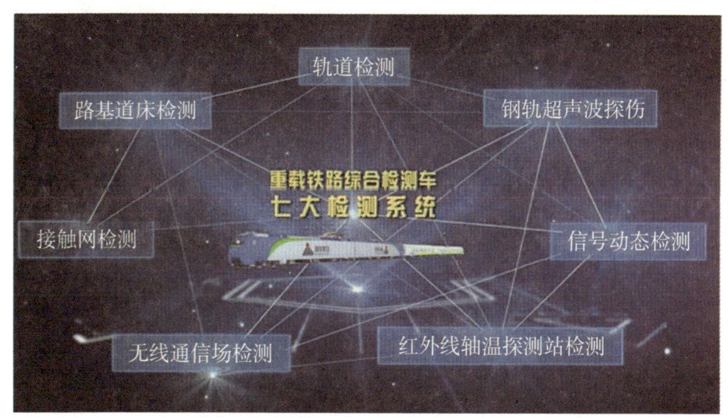

图 5.4　重载铁路综合检测车的七大功能

（2）接触网检测：保证接触网的状态正常，使得列车受电弓与接触网线接触良好，受流可靠（如图 5.5 所示）。

（3）路基道床状态检测：指对路基和道床的尺寸、脏污和到道床的板结程度等进行质量状态监测，保证路基和道床的状态良好（如图 5.6 所示）。

（4）钢轨超声波探伤：能够以 80km/h 的速度进行伤损检测，自动判别伤损类别、位置和伤损程度（如图 5.7 所示）。

图 5.5　接触网检测

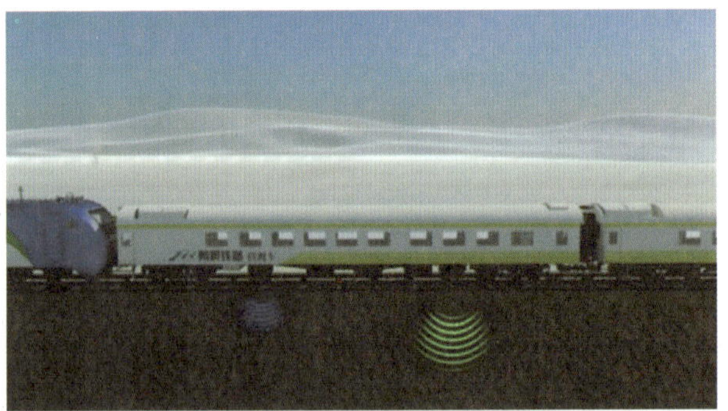

图 5.6　路基道床状态检测

图 5.7　钢轨超声波检测

（5）无线通信场强检测：既可完成 450 MHz 无线列调场强测试，也可完成 LTE-R 无线网络服务质量、应用业务测试，能够智能分析测试数据，为网络优化提供参考。

（6）信号动态检测：可对区间轨道电路、补偿电容、左右轨电流及不平衡电流等项目进行实时检测，以区段为单位，全面掌握轨道电路的传输特性和频谱特性、补偿电容工作状态和轨道牵引不平衡回流率等指标。

（7）轴温探测设备检测：对红外线轴温探测设备的使用状态进行检测（如图 5.8 所示）。

图 5.8　地面红外线设备动态检测

有了这些功能，综合检测车就能够检测到各专业的数据。那么如何将这些数据转化成我们能够看得懂的图文表格呢？这就需要“检测数据综合分析处理系统”登台表演了。这个分析系统也很强大，针对重载铁路的运输和维护特点，可对路基基床、钢轨伤损、轨道几何检测数据、接触网弓网受流性能、接触网线的动态几何参数等进行综合分析，研判各种病害产生的原因，准确发现问题根源，并指导养护维修。综合检测车可以说是重载铁路安全运营的“全科医生”。

5.2　养护维修精心呵护

重载铁路的养护维修是一个庞大复杂的系统性工程，有自己成套的维修规则，在维修方式上有独到的技术手段。

养护维修工作主要包括给钢轨润滑和打磨、道岔的检修保养、更换补充道床道砟、路基桥隧的加固养护等等。养护维修手段一般采取“检测、养护、维修、治理”动态结合的方法，推行状态检修、天窗检修、集中修等不同的方式。其中天窗修是利用每天线路行车的空闲时间进行养护维修。图 5.9 所示为重载铁路日常检修作业。

图 5.9　重载铁路检修作业

对于运输繁忙的重载铁路而言，依靠过去人工养路的方式已经无法满足要求，必须采取现代化的养路技术。这些技术主要体现在现代化的养路机械设备的更新换代上面。

目前重载铁路常用的养路机械分为大修机械、维修机械、检查机械和修理机械。具体分为大型清筛机和配套的维修机械、钢轨打磨车等养路机械，以及线路捣固车、道砟清筛车、线路动力稳定车、边坡整形车、道岔捣固车、线路大修车等。利用这些设备可以大幅度提高作业效率和维修质量，从而提高线路的质量、保证运输安全。

需要说明的是，工务部门的日常检查是养护维修工作内容的一部分，只不过日常检修主要集中在钢轨、轨枕、道床、道岔、接触网等容易损坏的设备上面，而养护维修则除了将日常检修内容“一网打尽”之外，还包含了路基、桥梁、隧道等大型构筑物的检修任务。

小贴士：什么是天窗

“天窗”是指列车运行图中不铺画列车运行线或调整、抽减列车运行，为施工和维修作业预留的时间，按用途分为施工天窗和维修天窗。

5.2.1 钢轨不“听话”就需要打磨

在重载铁路的养护维修中，钢轨打磨是一项很重要的工作。为何要打磨钢轨呢？这是因为钢轨使用寿命与滚动接触疲劳裂纹和钢轨的磨耗有直接的关系，疲劳裂纹影响轮轨运行状态、增加维护成本、缩短钢轨使用寿命，甚至引起断轨。而钢轨磨耗，尤其是曲线上股侧磨，会导致钢轨损坏过快。

为延缓钢轨与车轮滚动接触疲劳伤损和磨耗的发展，延长钢轨使用寿命，必须采用现代化的钢轨养护维修技术来实现。目前，世界各国的重载铁路都将钢轨打磨（铣磨）技术，作为缓解钢轨滚动接触疲劳和磨耗伤损的主要手段。

通俗一点讲，钢轨经过一段时间的使用之后，就会出现侧面磨损、波浪磨损、钢轨隐伤、钢轨裂纹、钢轨肥边和擦伤等问题，失去了标准的“工”字形状。所有这些都是钢轨“生病”的标志，它们破坏了钢轨的最佳轮廓，改变了轮轨接触状态，会增加轮轨噪声，加快车辆部件和轨道部件的恶化，加剧钢轨病害的进一步扩展。

钢轨磨耗之后，钢轨就无法保持最佳廓形。治病的办法，就是对其进行外科手术——钢轨打磨。钢轨打磨实际就是对钢轨表面进行切削，去除病害，恢复钢轨到最佳廓形。

钢轨伤损越严重，则需打磨切削的量越大，作业量越大，难度越大，钢轨寿命越短。因此修复性打磨和修理性打磨好比是“治病”，而最好方式是预防钢轨“生病”，即定期的预防性打磨，将损伤完全消灭在萌发状态。预防性打磨之所以好，是因为无需很大的钢轨切削量，一般控制在 0.1~0.2 mm 之间就可以了。这样不需要太大的切削量就能起到延长钢轨寿命的作用，是最经济有效的办法。

钢轨打磨作业分为四类：（1）矫正性打磨，也叫修理性打磨，每次打磨量为 0.5~4.6 mm；（2）过渡性打磨，目的是将矫正性打磨制度转变成预防性或者周期性的打磨制度；（3）预防性打磨或周期性打磨，只需要移除 0.2~0.3 mm 的少量金属，最经济，效果也最好；（4）为实现特殊钢轨断面形状以及平滑的钢轨接触面而进行的特殊性打磨。为了实现钢轨打磨最佳质量，通常要根据

作业地段的线路等级、运输能力、钢轨断面目标、作业前钢轨情况、打磨周期、封锁时间等多方面因素来确定采用的打磨方式。

根据世界各国重载铁路线路的养护维修实践，四种打磨作业中，以预防性打磨的性价比最高。如今，预防性钢轨打磨技术已经成为重载铁路线路养护维修必不可少的内容。根据统计资料，加拿大采用钢轨打磨技术，能够延长曲线地段钢轨寿命 2.2 倍，在直线地段能延长 3~4 倍；美国的试验表明，采用预防性打磨技术同矫正性打磨比起来，钢轨的年伤损率降低 65%；澳大利亚采用预防性打磨技术，可以让钢轨寿命延长 50%~58%。

定期预防性打磨的钢轨可延长寿命 5~8 年，改善列车的运行，保持旅客舒适度，减少蛇行运动，降低噪声，降低能耗，减少机车部件和轨道的维修成本，带来的是经济和社会效益双丰收。经过研究显示，当钢轨的微小裂纹不超过 0.2 mm 的时候进行预防性打磨，是阻断钢轨加速破坏趋势的最佳时机。

钢轨的打磨方式主要有三种：滑靴式打磨、砂轮式打磨和铣磨。

滑靴式打磨是通过将磨石压在钢轨上进行往复式的运动，从而将钢轨表面层磨去，这种打磨方式只能纵向打磨轨头，不能调整钢轨轨廓，也不能打磨道岔，且打磨速度较慢，已经逐步淘汰。砂轮式打磨通常是采用电机或液压马达驱动的高速旋转砂轮对钢轨进行磨削，这是一种主动性打磨，是目前主要的打磨方式。铣磨是一种新型的钢轨轨廓修复作业模式，铣刀安装在铣轮的径向面上，每个铣削断面安装有几把铣刀，铣轮一圈有数个铣削断面，这样所有的铣刀构成一个需完成的钢轨轨头轮廓。

铁路上一般通过打磨机或者打磨车（图 5.10 所示为朔黄铁路钢轨打磨车）对钢轨头部滚动表面的打磨，消除钢轨表面不平顺、轨头表面缺陷，从而将轨头轮廓恢复到原始设计形态，减缓钢轨表面缺陷的进一步发展，提高钢轨表面的平滑度，达到改善旅客乘车舒适度、降低轮轨噪声、延长钢轨使用寿命的目的。

钢轨打磨设备，除小型的钢轨打磨机具外，目前国内的大型钢轨打磨设备主要有 GMC-96x 钢轨打磨列车、CMC-20 钢轨打磨车（道岔打磨车）、GMC-96b 钢轨打磨列车以及 PGM-48 钢轨打磨列车等。各种设备各显其能、各有千秋。

图 5.10 重载铁路钢轨打磨车

5.2.2 线路“捣固”不是“捣鼓”

重载铁路养护维修的重点集中在线路轨道上。和高速铁路采用无砟轨道不同，我国乃至世界上的大部分重载铁路都是采用弹性轨道结构，也就是俗称的有砟轨道，这是一种“钢轨 + 扣件 + 轨枕 + 道床”的道床结构形式，它有一个特点，就是根据列车开行的频次，需要每隔一段时间进行捣固作业，即把因为被列车压力挤开的碎石，重新填到轨枕以下并捣紧密实。

为何要周期性地捣固道床呢？这是因为道床是均匀传布荷载、提供轨道纵横向阻力和弹性的重要组成部分，道床状态的好坏直接关系着线路技术状态的稳定和工务维修工作量的大小。要想使道床保持饱满、均匀、清洁、密实和良好的弹性，就要经常性地对道床进行整修。

道床在重载列车长时间振动荷载的反复作用下，会出现道砟板结、弹性下降、切入路基，造成道砟缺失等病害。重载运输中，由于粉尘较大，时间一长，就会在道床内聚集大量尘土，再遇上下雨天气，很容易形成道砟囊，等太阳出来一晒就出现板结。所以，必须经常对道砟进行清筛替换。除了清筛替换道砟，还需要对道床缺失的道砟进行补充，尤其是桥涵两头和路基下沉地段，极易出现道砟缺少病害，这时就要补充道砟，维持过渡段的平顺性。

小贴士：什么是道砟囊

道砟囊是指路基上部道砟陷穴群中所包括的一个或多个压得特别深的囊形陷穴，其中充满道砟、泥浆和积水。形成原因主要是路基填土密实不匀，道砟被挤压入路基土之后，部分向路基松软处延伸扩大。当道砟囊伸向路基边坡，会使路基发生膨胀和外挤，形成路基病害。

轨道道床需要保持清洁、完整和一定的几何形状，而支撑道床的路基也是需要精心呵护的重点。重载铁路跨江跨河要通过桥梁，穿越山岭要通过隧道，其余部分就是行驶在填土路基之上，路基的变化会直接引起轨道结构的变化。重载铁路的路基下沉是主要病害，一旦路基出现问题，相当于铁路的基础失稳，造成的危害是十分巨大的。路基会出现哪些问题呢？主要包括路基边坡溜滑或坍塌、道床及路基沉降、道砟陷槽、翻浆冒泥等等。

道砟陷槽是指货车动荷载将原本位于道床层的道砟碎屑挤压进入了路基基面之中，使得原本坚固、稳定且不易渗水的路基基体遭到破坏，逐渐形成道砟囊，从而造成线路沉降、翻浆冒泥等病害，严重的时候甚至导致路肩出现坍塌，严重威胁列车的安全。

道砟陷槽是如何形成的呢？首先，轨道轨枕下产生断裂的凹槽，凹槽不断加深并在路面上形成纵向锯齿。这些道砟槽加剧了雨水等液体对基床填土的侵蚀，使得路基填土在长期的湿润条件下开始软化。在重载列车的应力挤压下，道砟不断陷入填土中，又更进一步导致地表水侵蚀路基，产生恶性循环。

路基翻浆冒泥也让人头疼不已，这是重载铁路线路上非常常见的一种路基病害。具体表现就是，一旦遭遇雨季或者被水浸泡，路基在列车的挤压之下就会喷出泥浆，该病害一旦发生，会使得翻冒起的泥浆混入道砟，并出现道床各处强度不一，轨面不平，轨枕受力不均或直接失效，造成钢轨磨耗严重等问题。而这些问题，大都是道床病害引起的，所以病根在道床，治病就要治本。

视频 5.2　线路捣固车作业

能够让道床重新焕然一新的工具就是捣固车，这是重载铁路大型养路机械的重要一员，已在铁路线路修理、既有线路提速改造和新线建设中得到广泛应用（见视频 5.2）。

捣固车具有较高的作业精度和作业效率，大大降低了操作人员的工作强度，延长机器的使用寿命，是我国铁路线路维修的主力机型。

捣固车能对轨道进行起道抄平、拨道、石砟捣固及道肩石砟的夯实作业，提高道砟的密实度，增强轨道的稳定性，最终可使轨道方向、左右水平和前后高低均达到线路设计标准，保证列车安全运行。

我国铁路捣固车目前常用的型号有 D08-32 型自动整平捣固车和 DCL-48 连续走行捣固机。其中 D08-32 型自动整平捣固车是集机、电、液、气为一体的大型养路机械，主要由两轴转向架、主车架、前后司机室、捣固装置、起拨道装置、夯实装置、检测装置、液压系统、电气系统、气动系统、动力及动力传动系统、制动系统、操纵等装置组成。

DCL-48 连续走行捣固机能够实现三枕捣固作业，比连续式双枕捣固车效率提高 30%~40%，是当今世界上作业精度和作业效率最高、性能最先进的线路捣固机械之一。该机采用工作小车与主车架分离技术，主机连续均匀向前运行，工作小车以钢轨导向步进作业，减少能量损耗，提高了操作舒适性，延长机器的使用寿命。

国家能源集团朔黄铁路目前常用大型养路机械主要有：DWL-48 型连续走行捣固稳定车、DCL-32 型连续走行捣固车、DC-32 型捣固车、CDC-16 型道岔捣固车、QS-650 型全断面道砟清筛机（如图 5.11 所示）、SPZ-200 型双向配砟整形车、DPZ-440 型单向配砟整形车、WD-320 型动力稳定车（如图 5.12 所示）、QS400-3 型隧道清筛机、G04S-Ⅲ-CN-SH 道岔清筛机等，这都是给线路轨道治病的“外科医生”。

图 5.11　道砟清筛机

图 5.12 WD-320 型动力稳定车

5.2.3 重载铁路接触网的“保护神”

重载铁路大部分由电力机车牵引，其马力大、污染少，优点很多。而电力机车之所以能够开动，都是归功于一套完整的牵引变电系统。这套系统能够从附近的高压供电线引电下来，再通过变电设备将 110 kV 或者 220 kV 的超高电压变成 27.5 kV 的电力机车可用的电压，然后，电流从变电所被传输到轨道一侧的接触网导线上面，电力机车利用头顶的受电弓，将接触网导线上的电流引下来，进而驱动机车前进。

由此可知，电力牵引系统的作用就相当于给机车赋能，提供强劲动力。一旦电力牵引系统发生故障，机车立刻就要趴窝，严重影响正常运输。而在整个电力牵引系统中，接触网是一种露天架设的设施，很容易受到外界的气候和环境因素影响出现故障问题，是最脆弱的部分，必须时时刻刻监测它们的使用状态，做好日常维修保养（如图 5.13 所示），才能够让牵引重载列车前进的强大力量不至于突然消失。

接触网设备故障类型多样，可能是自然灾害原因引发、机械原因引发，也有可能是由于电气原因导致的故障问题。以往接触网的检修和维护主要是以计划检修为主，就是结合工作人员的实际经验来确定检修周期，有序开展维修组织作业。但是这种维修模式效率偏低，针对性不强，难以适应不同情况下的维修需要，发现故障问题难以及时解决。在实践中，最终摸索出了“状态检修”的模式，使得维修目标更具有针对性，降低资源消耗，获得更加可观的维修效果。

图 5.13 接触网日常检测维修

接触网的日常检修包括三种方式，分别是停电检修、直接带电检修和间接带电检修。停电检修很好理解，就是将出现故障的接触网所在的供电区段停电，然后展开维修作业，前提在检修期间不能通行列车。此种方法安全更易把握，也最为实用，但是会对铁路正常运行产生一定的影响，尤其是部分运输繁忙的线路，致使铁路运输能力大大下降。图 5.14 所示为工作人员正在进行接触网检修作业。

图 5.14 工作人员正在进行接触网检修作业

直接带电检修难度就大多了，可利用列车运行间隙，使用绝缘梯车带电作业，危险性要高很多，并且部分隧道、钢梁桥地段上没法使用这种直接带电作业的方式。在“安全第一、预防为主”和“生命至上”理念的影响下，带电检修作业方式被逐渐抛弃。

间接带电作业检修是利用列车运行间隙，使用绝缘工具“接触网导高及拉出值测量仪”等仪器间接进行测量和检修。在列车运行间隙中进行作业，尽管此种方式不会影响到列车的正常运行，但对于部分列车数量多、运输繁忙的线路而言，列车间隙时间较短，检修工作效率降低。另外直接带电作业人身安全难以得到有效保证，使用受到了较大的限制。

随着检修养护技术的进步，以前通过人工作业方式逐步变成了自动化检测技术，促使检测作业逐渐朝着自动化和智能化发展。国外在电气化铁路上广泛采用自动化检测技术和手段。我国铁路接触网运行检修工作中，需要通过高速多功能接触网检修车进行。

接触网检修车可以直接附着在列车上，也可以单独运行，在列车高速运行中实现检测装备的自动化检测，得到接触网运行参数，再将数据信息输入到处理系统中，进行深入分析，为后续的接触网状态检修和维护工作提供可靠的数据支持。后续的维修作业就按照检测车提供的数据进行。

目前在国内重载铁路上，或者直接采用接触网检修车对接触网进行检修，或者采用多功能合一的综合检测车对接触网进行体检治病，主要目的只有一个：保证牵引供电系统不出毛病，让重载列车不间断地安全运行。

5.3 应急救援争分夺秒

重载列车在强大的运输保障体系下顺利运行，为千家万户送去所需物资。但是，即使我们具备了功能强大的安全保障体系，也无法避免意外的出现。毕竟重载列车运行环境复杂，各种突发事件不能完全规避，只能降低其发生频率。既然危险不能百分之百消除，那我们就需要做好百分之百的预防措施，一旦列车遭遇事故，必须启动应急救援机制，将损失降到最低，将事故对运输的影响也降到最低。

重载列车在运输过程中比较严重的事故有两个，一是列车断钩，二是列车脱轨，都是严重危害铁路运输、关于生命财产安全的大事。面对这些突然的事故，铁路管理部门有哪些预防和应对措施呢？

5.3.1 防止列车断钩事故

我们不妨想象一下：一列满载着煤炭的万吨列车正疾驰在线路之上，突然，快速行驶的列车速度慢了下来，进而停止在轨道之上。随车人员赶紧下来检查，原来是某个车厢衔接处的车钩发生断裂，幸亏发现及时，否则后果不堪设想。经过紧锣密鼓地检修，故障被排除，列车继续完成余下的行程。

很显然，列车断钩事故对运输的影响是非常严重的，一旦发生了断钩事故，前后列车被分离开来，使得救援难度非常大，对正常运输生产干扰严重。那么断钩事故是如何发生的？能否通过技术手段和管理措施将其消弭于无形呢？首先我们分析一下，列车断钩是怎么产生的呢？

首当其冲的是列车遭受瞬间冲动。列车是机车和若干车辆由车钩装置连结在一起组成的，当列车受到外力作用的时候，列车的运行状态会发生突然和瞬间的改变，产生一股冲动力。列车的冲动来自前后、上下、左右各个方面。其中上下冲动和左右冲动主要由线路的纵断面、车辆技术状态等引起的，很难控制。而前后冲动是因为列车移动造成的，发生最为频繁，也是造成车辆断钩的主要原因，并且与司机操纵不当有关，完全可以避免和减少。

那么车钩产生的纵向冲动是怎么产生的呢？原来机车牵引力强弱、车辆制动力大小以及线路纵坡发生变化，诸如从上坡变为下坡，都会引起列车的纵向冲动。纵向冲动使车钩之间相互产生作用力，而车钩相互间存在间隙，使车钩的缓冲装置反复产生拉伸或压缩，当超过缓冲器的受力极限，缓冲器就不起作用了，这时就会出现刚性冲击，车钩间形成了强烈冲动，多余的动能只有由车体和车钩缓冲装置的刚性变形来吸收，但是由于车体的强度比车钩的强度大的多，所以冲击力只能由车钩承受，当冲击产生的力量超过车钩的承载能力时，就会拉断车钩或造成缓冲装置的某些部件损坏。

另一个原因是刹车不当。我国重载列车大都采用空气制动、动力制动相结合的方式。空气制动时，车辆的制动作用是由前向后逐次发生的。在常用制动后缓解时，列车前部充风速度较快，缓解较早，后部充气较慢，缓解较晚，由于列车惯性大小前后不一致，造成后面车辆冲击前面车辆，导致断钩。

那么应当如何防止列车断钩的发生呢？

既然列车断钩原因已经查明，就需要采取针对措施，防止这种情况发生。实际上，通过上述分析我们已经很清楚了，铁路线路纵坡的大小与坡度变化、车辆本身的技术状态都是恒定的，一旦形成了就不可能再改变，唯一能够改变的是司机操纵方式，需采取相关保障措施，防止因为司机操作不当产生断钩危险。

在较平缓的坡道上，当司机刹车的时候，通过提前使用电阻制动，使车辆车钩处于压缩状态，这样通过抑制车辆在缓解过程中的前涌，消除或减缓车钩承受的纵向作用力，避免因低速缓解造成断钩。

当列车进行周期性制动时，可合理利用电阻制动来延长制动周期，从而可以在不改造车辆的前提下，改善车辆副风缸充风不足的问题。由于利用电阻制动代替部分空气制动，可以减少在制动过程中的用风量，大大缩短了列车管在缓解后的充风时间。同时在列车缓解过程中，电阻制动又可以有效地控制车速，为列车管的再充风赢得时间，从而保证了列车制动的连续性和可靠性。

小贴士：什么是电阻制动

电阻制动，又称动态制动，是铁路机车的一种制动方式，广泛应用于电力机车和电传动柴油机车。在制动过程中，将原来驱动轮对的牵引电动机转变为发电机，利用列车的惯性由轮对带动电动机转子旋转而发电，从而产生反转力矩，消耗列车的动能，达到产生制动作用的目的。

当司机启动的时候，由于重载列车的纵向力比普通列车更大、更复杂，所以起动的操纵方法也不同。列车在小坡道起动，司机传统起动操纵方式是采取压缩车钩启动方式，那是因为机车牵引力不够，即列车启动前压缩一部分车辆车钩，发车时使列车逐辆启动，再加上各车钩缓冲弹簧的伸张力，就会使列车启动变得顺利、轻便。

但随着国产和谐号大功率机车大规模使用，牵引重载列车的机车在平道和小坡道上起动牵引动力有很大富裕，加上滚动轴承货车的比例越来越大，列车起动阻力减小，条件发生了变化。此时再用压缩车钩启动这个办法就不合适了。因为压钩起动时由于车钩间存在间隙，车辆是逐辆起动的，压缩车钩起动会引起剧烈冲动，这时车钩受力大大增加，极易出现断钩。

列车在大坡道起动，以前传统的大坡道操纵方法很不易掌握，特别是限制坡道上起动情况更复杂。在列车启动的时候，很容易造成车辆前拉后拽的情况，不但起动困难而且还容易断钩。

现在货车车辆多为滚动轴承，起动阻力小，车辆在大上坡道上后溜的可能性越来越大，考虑到牵引重载列车的机车起动牵引力足以保证在限制坡道上正常起动，可以先加力，再缓解列车制动，然后逐步加大起动电流。这种方法能够有效地防止列车后溜，起动也比较平稳，更能有效的防断钩。

列车发生断钩事故后应该怎样应急救援呢?

断钩事故很多时候发生在列车启动或者开行过程中。一旦在运行中间发生断钩事故后，司机要用通信设备立即向前方站或者后方站的车站值班员报告情况，必须把车次、机车的停车位置、列车尾部的位置、车钩发生故障的位置报告清楚。如果随车人员能够自己更换问题车钩，就按照规定进行更换。如果不能，就要等待救援。

在等待救援的时候，司机不能再移动列车，并且让一名副司机在车前设置防滑防溜装置，列车的尾部让两位副司机安装防滑防溜设备，一定要做好安全防护。与机车连挂的车辆，可按列车调度员指示继续运行至前方站停靠。列车调度员需封锁区间并对区间遗留车辆进行救援处理。

5.3.2 列车脱轨事故救援

在我们印象里，铁路火车脱轨是重大行车安全事故，轻则伤人，重则丧命，铁路财产损失更是不可避免。而对于重载列车而言，一旦出现倾覆事故，救援难度远远大于普通火车。所以，列车脱轨风险必须被消除，保证行车的畅通和安全。那么，列车在什么情况下才会脱轨呢? 经过分析，列车脱轨的种类主要有以下几种：

（1）悬浮脱轨

指当车辆一侧车轮因为负载重量减轻、另一侧车轮负载重量增加的时候，车轮就会悬起，当车轮的悬起量大于轮缘高度时，就会造成脱轨。悬浮脱轨的列车大多数是平车或者空车，或者空重车混编的列车，尤其是列车尾部为1辆空车或“重＋空＋重”的编组模式，更容易脱轨。

造成悬浮脱轨的原因，一来是车辆蛇行运行，也就是俗话说的车辆扭着腰走。蛇行运行只发生在铁路线路的直线区段，随着行驶速度不断提高，车辆的蛇行运行会使车轮轮缘与钢轨横向相撞，增加运行阻力，严重时可能使车轮爬上钢轨而发生脱轨事故。另外，车辆本身状态不佳，也是悬浮脱轨的原因之一，比如转向架和车轮配对不当等。

（2）列车在直线地段脱轨

这类脱轨主要原因也与车辆蛇行运行脱不开关系。车辆蛇行运行（如图5.15所示），车身左右横向摇摆，使得列车激烈地横向振动，车轮轮缘冲击钢轨肩部，甚至车轮跳上钢轨，就会造成脱轨事故。另外轮轨间距过小，线路不平顺，轮重减载率过大，都有引起列车脱轨的风险。

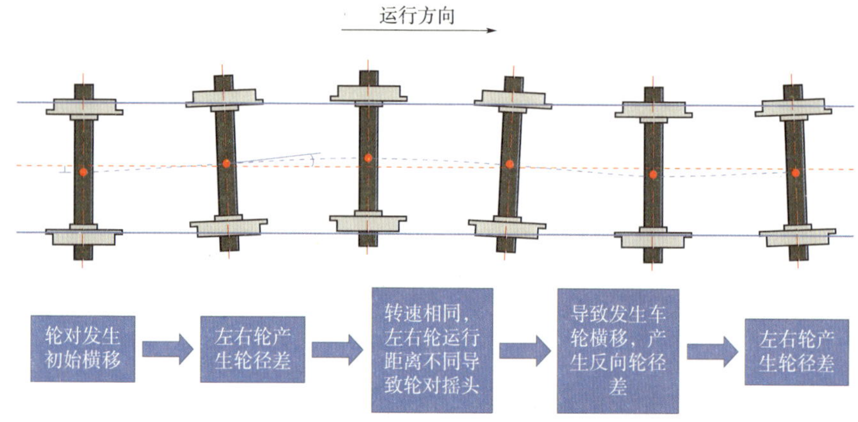

图 5.15　列车蛇行运行示意图

（3）列车在小半径曲线地段脱轨

就像开汽车一样，在经过弯道的时候如果不减速，汽车肯定会在离心力的作用下，沿着曲线的切线飞出去。火车也一样。火车经过弯道的时候，如果离心力不被轨道曲线超高平衡掉，一旦超速，就很可能发生脱轨事故。

小贴士：什么是曲线超高

曲线超高为了平衡列车行驶在曲线上所产生的离心力，使曲线地段外股钢轨高于内股钢轨的数值。列车在曲线上行驶时，由于离心力的作用，将列车推向外股钢轨，加大了外股钢轨的压力，也使旅客感到不适、货物产生位移等。因此需要将曲线外轨适当抬高，使列车的自身重力产生一个向心的水平分力，以抵消离心力的作用，使内外两股钢轨受力均匀和垂直磨耗均等，满足旅客舒适感，提高线路的稳定性和安全性。

总而言之，车辆脱轨不是单一因素造成的，而是复杂多种因素综合作用的结果。轮对因为蛇行运动造成失稳是空车悬浮脱轨的根本原因，车辆状态不良、空重车辆编组不当也是空车悬浮脱轨的重要原因；直线区段脱轨的根源是蛇行运动的产生，轮轨间隙过小、线路不平顺、车辆轮对的轮重减载是直线脱轨的主要原因；曲线超高确定不准、线路不平顺、机车车辆状态不良、装载货物技术状态不良、列车操纵不当、列车编组不当等不利因素，都是货物列车小半径曲线脱轨的重要原因。

重载铁路列车脱轨事故救援与非重载列车相比，难度更大，主要表现在：

重载机车与车辆或车辆之间的纵向冲击力较大，机车车辆及货物的损伤情况更加严重，救援复杂度大大增加。

目前铁路事故采用吊复法实施救援起复，很大程度上依赖于起重机。普通起重机的起复能力无法单独完成重载列车的救援工作，救援难度增加。

重载列车的编组辆数较多，列车长度较长，需要的救援人员、救援设备及救援时间也大大增加。

列车脱轨事故发生后，铁路相关工作人员需要完成以下任务：

（1）列车司机的工作

所有列车司机必须紧急停车并上报列车调度员，随后按照调度员指示采取应急措施。如果出现人员伤亡，一名司机应向邻近车站或列车调度员请求援助，剩余司机及时将伤亡人员移出线路、做好标记，列车上有专业救护人员时应对伤员实施抢救。

（2）列车调度员的工作

列车调度员应立即封锁事故区间，下达出动救援列车、工务抢修队的调度命令，并逐级上报。

（3）救援列车的工作

救援列车负责人在接到调度命令时应立即组织救援工作，及时利用多台起重机起复机车车辆，清除线路上的障碍，当发生人员伤亡时，积极抢救，妥善处理。

（4）工务抢修队的工作

工务救援班值班人员接到调度命令后，救援班长应立即召集人员迅速赶到救援列车处，与救援列车协同行动。到达事故现场后，抢修受损路基，确保尽快恢复行车。

（5）运输部门的工作

运输处应迅速组织装卸人员和机械工具清理事故货车及煤炭，编制货运记录。

小贴士：吊复法是怎么回事

吊复法是列车脱轨救援的一种常用方法，就是利用大型吊装设备将脱轨机车车辆起吊后重新复位在铁路轨道上的作业手段。

6

砥砺
前行

6.1 智能重载，梦想已经触手可及

云计算、大数据、物联网、卫星导航、人工智能、区块链等新一代信息技术的快速发展和融合应用，驱动着全球各行各业的数字化与智能化转型，也深刻地影响着重载铁路的发展。2017 年国际重载大会首次提出了“国际重载 4.0”理念，即搭建现代化数字网络平台，广泛应用传感器、大数据计算、信息通信、人工智能等技术，大幅提升重载技术装备智能化水平，提高运输效率、安全性。

澳大利亚、美国、俄罗斯、巴西等国家和地区重载铁路正在围绕大数据、云计算、人工智能、物联网、智能运维、自动驾驶等领域开展创新应用。澳大利亚矿业巨头力拓公司于 2017 年 10 月在皮尔巴拉地区完成了世界上首次货运列车无人驾驶测试，2018 年 12 月 28 日在该地区 1 700 km 的重载铁路网上实现 GoA4 等级的全自动货运列车无人驾驶正式运营。美国、俄罗斯、巴西等主要重载运输国家积极发展装备健康监测技术，开发车辆、线路健康监测系统，应用大数据进行监控预测综合报警、故障分析和实时处理。尽管国外重载铁路应用新技术实现数字化、智能化的战略方向已经确定，但是目前仅限于局部点上的应用。2017 年以来，随着《铁路信息化总体规划》和《铁路大数据应用实施方案》的颁布，我国重载运输领域也积极开展了大数据、人工智能等信息新技术应用的研究实践。

智能重载铁路是广泛应用云计算、大数据、物联网、移动互联、人工智能、北斗卫星导航、区块链、机器人、下一代通信等新技术，以“货运物流化、经营市场化、管理一体化、生产智能化”为核心，通过综合高效利用所有重载铁路内外部资源，实现移动装备、固定基础设施及内外部环境信息的全面感知、泛在互联、融合处理、主动学习和科学决策的新一代货运铁路系统。

智能重载铁路遵循主流“平台＋应用”架构，应用构成主要包括智能重载基础平台和智能建造、智能运输、智能装备、智能运维、智能安全等板块，智能重载基础平台是整个系统的核心中枢，统一为智能应用板块提供大数据分析和智能计算等服务，实现业务协同和信息共享。

智能建造主要包括综合交通体系协同施工、应用建筑信息模型（BIM）和地理信息系统（GIS）技术实现工程建设全过程数字化管理。智能运输主要包括智能运输组织、智能综合调度、智能车站等应用。智能装备能够实现如重载列车自动驾驶（图 6.1 为自动驾驶的重载列车驾驶室）、智能牵引供电、基于卫星通信的移动闭塞等应用。智能运维主要包括基础设施和移动装备全生命周期状态自动检测和智能诊断、基础设施智能运维等应用。智能安全主要包括综合安全大数据分析、综合视频智能分析等应用。

图 6.1　自动驾驶的重载列车驾驶室

近年来，我国朔黄铁路立足于保障安全、提高运输效率、改善经营管理和提高服务质量，大力推进智能铁路技术发展，主要包括：（1）实现重载列车自动驾驶；（2）实现运输计划编制精细化、调整智能化和调度管控一体化；（3）实现基础设施智能运维；（4）实现机车车辆全生命周期管理；（5）实现资产一体化精细化、全寿命周期管理；（6）建成综合安全监控保障系统；（7）建成智能铁路大脑平台等内容，实现运输生产智能化、运营管理智能化、决策分析智慧化。

下面我们通过具体实例走进智慧重载铁路。

1. 基于移动闭塞的自动驾驶系统

针对朔黄铁路货运列车在长大坡道驾驶难度大等问题，基于可持续循环制动、最小冲击率、平稳通过分相区、股道精确停车等多目标优化行车曲线，实现自动定速巡航、长大下坡自动充排风、进站自动精确停车等自动驾驶功能，从而降低司机劳动强度，有效减少人为操作失误导致的延误，提高车站

视频 6.1 自动驾驶系统

连续发车的运输组织效率，提高区间驾驶的技术速度，提高进站停车的效率，进而带来系统运能的显著提升（见视频 6.1）。

2. 智能车站

视频 6.2 智能车站

在全面部署 5G 高速网络覆盖和立体实时可视化云防系统的基础上，研究突破多传感器组合机辆定位技术、基于视频的线路障碍物识别技术、基于专家系统的列车驾驶控制技术等关键技术，实现司机远程控制机车、调车自动驾驶，并为列车自动驾驶提供全方位安全防护（见视频 6.2）。调车远程驾驶减少调车司机上下车带来的时间浪费提升效率，改善司机工作环境；自动调车系统减少调车司机，优化驾驶策略提升作业效率；自动调车防护基于无线通信，节省轨旁设备安装维护，基于机器视觉检测前方人、车提升作业安全。

3. 智能机车车辆

视频 6.3 智能运维机车车辆系统

构建动态智能监测系统、状态精准识别判定的综合评判系统、自动量化指标的快速精准维修系统、自动调度指挥的智能生产管理系统、大数据智能自我学习系统，实现机车车辆技术状态实时监测与识别、智能评判与精准修理，提高维修的经济性与可靠性，提升机车车辆的运行安全性。视频 6.3 为智能运维机车车辆系统。

未来随着区块链、数字孪生、新一代无线通信、信息物理系统、工业互联网、机器人等技术的发展，智能重载铁路总体架构也将在新技术推动下不断优化迭代，推进重载运输进入“更安全、更高效、更经济、更绿色、更优服务”的智能化时代。

延伸阅读：国内首列智能驾驶重载列车正式开行

2019 年 10 月 16 日，由中国联通、中车公司、神朔铁路共同研发的国内首列智能驾驶重载列车在神朔铁路正式开行。该列车由 108 节车厢组成，整车长度 1 530 m，装载煤炭超万吨。始发站是陕西神木北站，终到山西朔州的神池南站。该智能驾驶“3+0”万吨重载列车的正式开行，开启了我国重载铁路运用运营商网络的先河，是中国重载货运铁路技术发展史上的重要里程碑和重大突破，标志着我国重载铁路发展迈入了智能化的新阶段。此次重载列车具有 5 大领先技术：在 12‰ 长大上坡道线路上实现万吨重载列车自动驾驶；提升了运输效率，实现了机车作业自动化；三是实现了基于障碍物检测（双雷达 + 视频识别）、调车信号防护的自动调车作业；四是基于北斗导航差分定位，实现机车精准控制；五是首次在机车上引入环境气象信息。

6.2 绿色节能，重载铁路从未止步

在很多人的记忆中，铁路经常和“脏乱差”联系在一起：蒸汽机车冒着火星和浓烟，所经之处一片灰头土脸；小区如果靠近铁路，叮咣叮咣的噪声让人难以入眠；运输煤炭的火车，只需要刮一阵风，就弄得漫天煤粉，暗无天日，触目惊心的污染环境……经过多年来的发展，客运高速化之后，人们出行环境大为改观，而货运铁路目前也有很大进步，但还需要在未来采用更加绿色环保的技术。

重载铁路运输煤炭，一般而言采用敞车，运输集装箱采用平车，运输易潮易湿的货物，则采用棚车或者罐车。无论哪种运输方式，节能、环保、无污染是必须要考虑和解决的问题。重载铁路实现智能化，同样也要实现节能环保的绿色化。

那么，重载铁路的绿色化体现在哪些方面呢？总结起来就是减振降噪问题、环境污染问题，都需要与时俱进加以解决。

1. 重载铁路的减振降噪

我们知道，列车的车轮和钢轨直接接触，二者滑行撞击，势必会产生很大噪声，在荒郊野外，对居民影响倒是不大，但在一定程度上也对环境造成了污染。降低轮轨振动和噪声的办法就是让振动和噪声快速消散。如今科研人员研发出了一种新型的聚氨酯固化道床，不但能够减少维修量，还可以更

好地实现比有砟轨道更优的减振降噪目标。

聚氨酯固化道床介于传统碎石道床和无砟轨道整体混凝土道床之间，具有足够的强度和稳定性，弹性好，可维修性好，可减少养护维修工作量，同时固结弹性泡沫材料具有良好的阻尼性能，使聚氨酯固化道床具备了与有砟轨道相当的减振隔振功能。

经过在瓦日铁路实践应用证明，在实车运行下，固化道床和普通碎石道床轨道结构振动没有明显差异，但在相同冲击力作用时，固化道床的钢轨、轨枕和桥面（梁面）的加速度均比普通碎石道床的要小，对轨道结构减振效果明显。

小贴士：什么是聚氨酯固化道床

聚氨酯固化道床是一种新型轨道结构，它是在已经达到稳定的有砟道床内，浇注由异氰酸酯与多元醇等组成的混合料，并在道砟间完成发泡、膨胀和凝固，使泡沫状聚氨酯弹性材料挤满道砟间的空隙，并牢固黏结道砟颗粒，形成弹性整体道床结构。具有弹性好、累积变形小、稳定性好、养护工作量小等特点，解决了有砟轨道桥隧区段养护维修困难的技术难题，同时具有良好的减振降噪功能。

2. 重载铁路的清洁化

重载铁路运输清洁化核心问题就是防污染。就大秦铁路而言，运煤敞车是不折不扣的环境污染的源头，原因很简单，在没有采取必要的防护措施之前，由于列车颠簸及风力作用，表面细小的煤粉粒被吹离车体，落洒到路面，导致了扬尘污染，而经过后续车辆的碾压，会形成粒径更小、浓度更高的二次扬尘。

解决扬尘的办法有很多，最简单的是对车体顶面进行全面覆盖，但是这种方式成本很高，操作也不方便。我们可以脑补下给几百辆重载列车“穿外套”的情景，就知道这种方式有多低效了。关键是，只管盖上还不行，到站之后，还要全部掀开，巨大的工作量足以让人崩溃。

有没有更好的办法呢？有的，那就是给露天敞口的煤炭车表面喷洒一层化学试剂。根据化学试剂的不同，又分为表面湿润法和黏结固定法。表面湿润法是指利用具有保湿和吸湿性能的化学溶液，使散煤表面保持湿润，从而达到抑尘的目的。表面黏结固定法是利用给散煤表面喷洒化学黏结剂，在其表面形成一层有一定强度和韧性的固化层，以达到阻止散煤散落的方法。因为表面黏结固定法防尘效果好，是铁路散煤及其他散体物料运输过程防尘最有效的方法。

说实话，给煤炭表层喷撒化学试剂虽然效果不错，但是有一个缺点，那就是成本高啊。化学试剂也要花钱，价格也不便宜，给几百辆车厢喷撒化学试剂，开支可不小。那有没有更好的解决办法呢？有的，那就是采用防污染的“终极大杀器”——集装箱。集装箱既可以用来拉形状规则的货物，也可以运载散堆装货物，运输煤炭和矿石根本不在话下。集装箱运输不但大幅度降低污染，还能减少货物的运输损耗，装卸车都非常方便，可谓一举多得。

所以，重载铁路清洁化的另一个发展方向就是加快封闭型货车和驼背运输车等核心装备研发，然后依托多式联运等运输技术来大幅降低成本。

此外，对于大型养路机械而言，还要采用吸尘和集尘装置、废气催化装置、喷雾降尘技术等降低作业粉尘污染，发展双动力模式大型养路机械，减少废气排放，降低设备对操作人员和周边环境的伤害（如图 6.2、图 6.3 所示）。

图 6.2　重载铁路洒水抑尘

图 6.3　重载铁路吸附清扫煤灰

6.3 更长更重，重载铁路使命使然

重载铁路的优点就是一次拉货很多。在我国，最常用的编组方式是开行万吨列车和2万t列车（如图6.4所示），3万t列车已经试验成功。在国外，一趟重载列车动辄就是四五万吨，甚至达到了惊人的9万t，看来，重载列车的潜力无限，只有想不到，没有做不到的。当然，不计成本地增加列车载重并不是最佳选择，毕竟性价比好不好，需要进行技术经济分析才能确定。对我们国家而言，提高列车的载重量不能搞大跃进，要做到科学、高效、安全和低成本才可以。

图6.4　万吨重载列车

重载列车载货多寡，受很多条件限制，牵引机车的性能、车辆的净载重、长大列车的同步控制技术、车站股道的长度、桥梁与路基的加固、重载轨道的选型、养护维修技术等等不一而足、牵一发而动全身。为了让重载列车多拉一些货物，相应的技术就要跟得上，还能用得好。

1. 研制大功率交流传动机车

研制高效、节能的大功率交流传动机车，可提高列车牵引动力。世界重载铁路国家发展大功率机车，主要通过大功率交流传动、径向转向架和微机控制防滑防空转系统等技术发展来完成的，主要包括三相交流异步电机轻量化，采用IGBT大功率牵引变流器和基于网络（现场总线）控制系统，通信

协议多采用 TCN 国际标准，具有智能化故障诊断功能，同时世界各国还不断研发绿色和模块化机车。

我国通过引进、消化、吸收再创新的路线研制了和谐型交流传动内燃、电力机车。目前由中车株机公司与国家能源集团联合研制的全球最大功率神 24 电力机车（如图 6.5 所示），以单机功率 28 800 kW、牵引力 2 280 kN 保持着轨道交通装备的世界纪录，这是我国铁路重载技术创新的重大突破，也是我国装备制造业自主创新的重大成果。

图 6.5　神 24 大功率机车

2. 研制大轴重的重载车辆

更长的列车，需要增加编组辆数，但这要受到发线长度的影响，因此大多国家采用提高轴重的方式。例如美国从 20 世纪 50 年代即发展了轴重 29.8 t 的货车并进行路网联运，后来又发展了 35.7 t、32.42 t 轴重的货车，目前最大轴重达到 39 t；澳大利亚 BHP 公司从 1969 年开始运营轴重为 28.5 t 的货车，目前 FMG 公司 40 t 轴重货车投入使用；巴西货车轴重达到 32.5 t，南非重载铁路轴重也达到 30 t。在满足轴重的条件下，实现运营列车最大牵引重量，澳大利亚为 4 万 t，美国和加拿大为 2 万 t，南非 2.6 万 t，巴西 3 万 t。从未来来看，美国正在进行 39t 轴重货车的研制试验，澳大利亚正在开展 45 t 轴重货车可行性研究。

3. 发展工务-工程技术

重载列车重量和长度的增加，机车和车辆轴重的增大，势必逐步造成原有的线路技术基础设施难以满足要求。因此需要发展工务工程技术来支撑列车更长更重。

一种思路是研发强度高、寿命长的轨道结构。国外重载铁路除南非外，普遍采用 65~71 kg/m、硬度 340 BHN 的重型钢轨，并通过强化钢轨材质来提高钢轨的强度，延长钢轨的使用寿命。美国重载铁路普遍采用新型 20 号道岔，减少过岔时的横向力以及由于通过总重和行车密度增加而引起的养护维修。我国大秦铁路、朔黄铁路全线铺设 75 kg/m 钢轨和高强度扣件，并通过强化钢轨的材质来提高钢轨的强度、延长钢轨的使用寿命和减少维修工作量。各国还通过增加道砟厚度和密实度来改善轨道结构的整体承载能力，以提高线路的稳定性。

桥梁性能是重载线路运输能力的制约因素，对列车通过的速度和载重都有一定限制。要想列车更重，桥梁的承重能力必须首先满足要求。在美国，众多桥梁承载的货车轴重和载重较运营初期已经翻倍，并接近桥梁的设计荷载。为了保障安全并延长重载作用下桥梁的使用寿命，美国一级铁路采取了降低结构恒载、改善残余应力、降低冲击力、加强桥梁检测预与加固等。

路基直接承载着来自轨道的重载压力，因此重载列车的载重增加，对路基也提出了更高的质量要求。需要具备适宜的土质以及有效的排水系统，以确保在最不利水文、气候变化影响和列车动载重的重复作用下，不发生翻冒泥浆、冻害、挤出等病害。

6.4 安全可靠，重载铁路势在必行

安全是我们老生常谈的话题，没有安全一切都无从谈起。对于重载铁路而言，安全可靠是第一位的，也是势在必行的。

那么如何确保重载铁路安全可靠运行呢？工欲善其事，必先利其器。首先要从技术装备角度确保重载列车安全运行。

机车方面，研发的机车车载安全防护系统，综合智能传感技术、通信技术和信息融合技术，实现了机车车载各系统与关键部件全方位动态监测、数据集中、信息共享、综合分析、提前预警，同时为机车的运用、管理和维修提供支撑，显著提高了机车运用安全的可靠性。这一系统基于国际先进的网

络控制技术，搭建适用于双节重联机车的主从总线式网络架构，实现通信网络数据传输的实时性和稳定性，构建具有网络控制、在线故障专家诊断与安全监测功能的双节重联机车网络控制平台。

货车方面，主要是运用新材料、新技术、等强度设计和细部优化设计等手段，仿真分析与试验研究相结合，对车体主要承载结构、关键连接节点、疲劳薄弱部位的结构可靠性进行系统提升，在减轻自重、提高载重的同时，充分确保车辆安全。例如朔黄铁路研制的KM98H煤炭漏斗车，采用以搅拌摩擦焊接缝新工艺、铝合金等新材料、新方法制造车辆，强化车辆承载结构、走行部、制动系统结构设计及可靠性。

重载列车控制方面，新型无线重联控制技术，可以实现对机车运行时的牵引力进行实时调节，减小重载组合列车车钩纵向冲击力，从而保证列车平稳运行。无线数据传输保障技术，通过新型宽带移动通信技术传输相关信息，提高了数据传输的可靠性和稳定性，基本消除了列车在复杂地形运行是因地形或线路变化所造成的通信盲区，提高了列车运行的安全性。新型制动安全控制技术，利用无线重载组合列车制动系统数据的存储、读取技术，协同状态检测和故障预警系统的可靠准确运行，保障了重载列车运行安全。

除技术装备创新之外，重载线路的强化与养护维修对于重载运输安全也是至关重要的。

为了满足重载运输需要，美国、澳大利亚、巴西、南非等国家完善了线路技术标准，改善线路的基本参数，特别是减缓线路的限制坡度、加大最小曲线半径，是各国改造重载运输线路，保障运输安全的重要措施。

美国、加拿大、澳大利亚等国家重载线路采用无缝线路来提高重载列车运行的平稳性和安全性。此外，采用先进的轨道状态检测技术，应用惯性制导系统、矢量化计算方法、自行标定与自检，对轨道的各种几何参数、线路不平顺及钢轨断面磨耗进行检测，对有安全隐患的及时打磨维修或更换，从而提高重载线路的安全性。

重载路基所受的动载强度很大，状况不良时将对上部轨道以及行车造成严重影响，严重时引起列车限速甚至脱轨等安全事故。因此，重载线路路基必须对基床、路堤填筑、排水条件等相应的采用一些列强化措施。加拿大在重载线路上，采用土木纤维布根治道床与路基病害。美国采用新型地质探测雷达装置，将其安装在车辆上，采集的数据可直接对路基横断面图像进行处理，确认道砟囊、软黏土、湿土区等病害，然后及时采取处理措施。

事实上，影响重载列车安全可靠运行的因素包含重载铁路系统各个方面，需要不断完善人防、物防、技防“三位一体”的安全保障体系，充分发挥全要素作用，共同确保重载列车运行安全可靠。

6.5 快速高效，重载铁路未来可期

未来重载列车将变得更长、更重，运行速度也会进一步提高，铁路运输组织也将更加快速高效。

重载运输将货物产、运、销各个环节有机的衔接在一起，按照以需定产、以产定运、以运促产的原则组织货物运输，以求最大限度的运送货物，降低供应链的整体成本，提高供应链整体的竞争力，构建产运销一体化平台。将货运营销与运输组织有机结合，根据市场需求开展运输组织工作，为客户提供优质服务，运输的目标由“兑现运输计划”转变为“满足市场需求”。这样一来，线路与港口或矿山之间的线路衔接也更加顺畅，有助于实现发送企业、运输企业、收货企业间的无缝衔接，实现集疏运一体化作业。另一方面，通过大数据等信息技术，实现铁路与港口、客户设施、衔接线路、装卸和客户需求的数据传输，可以统筹自动生成列车运行径路，实现列车高效运转。

多式联运也是重载铁路发展的一个方向，多式联运指由两种及其以上的交通工具相互衔接、转运而共同完成的运输过程。在我国的多种运输方式中，公路运输凭借四通八达的网络和快速、高效、灵活的运输服务，一度取代铁路运输成为内陆运输的主要运输方式，让铁路运输低成本的优势无用武之处。当然，这是市场在一定环境条件下所做出的选择，但如今多式联运的出现和大规模应用，让曾经割裂的运输市场重新洗牌。重载铁路一般与港口、码头连接，可以充分发挥多式联运的优势，抓住运输市场逐步开放这一历史性机遇，充分利用反向运输能力，开发新的大宗客户，拓展运输市场，不断提高多品种运量比重，延伸港口腹地资源。积极与铁路沿线地方企业进行沟

通，稳定货源和运输需求，探索扩大集装箱运输规模，不仅提高了运输效率，还扩大了市场份额，带来显著的经济效益。

重载铁路的未来发展，像巨幅宏图徐徐张开，蜿蜒的钢铁巨龙（如图 6.6 所示），承载着中华民族伟大复兴的梦想，继续从黎明走向辉煌！

图 6.6　蜿蜒的钢铁巨龙

延伸阅读：朔黄铁路多式联运示范工程

2018 年 8 月 16 日，满载集装箱、货运汽车和锰矿石的重载列车缓缓驶入朔黄铁路。这列编组 38 辆的列车成为沧州渤海新区开往内蒙古东胜站的第一列试验列车，标志着我国铁路多式联运示范工程正式在朔黄铁路试验运行，也拉开了朔黄铁路“公转铁”运输战略、打赢蓝天保卫战的序幕。朔黄铁路公司利用从沧州渤海新区黄骅港到内蒙古矿区铁路空车的资源，与保障国家多式联运示范工程有效融合，实施反向运输战略，把渤海新区的货物运输到西部地区。这一反向运输的战略实施，也减少了公路货车造成的大气污染，也减少了公路交通拥堵和道路破坏。这种多式联运方式，提高运输效率 30%，降低运输成本 20%，可极大地降低交通事故发生率。

参考文献

[1]刘建坤，曾巧玲，侯永峰. 路基工程[M]. 北京：中国建筑工业出版社，2006.

[2]易思蓉. 铁路选线设计[M]. 成都：西南交通大学出版社，2005.

[3]顾致平. 工程力学[M]. 西安：西北工业大学出版社，2005.

[4]杨维国，许红叶. 铁路桥梁与隧道工程[M]. 长沙：中南大学出版社，2017.

[5]杨新安，黄宏伟. 隧道病害与防治[M]. 上海：同济大学出版社，2003.

[6]郝瀛. 铁道工程[M]. 北京：高等教育出版社，2000.

[7]高亮. 轨道工程[M]. 重庆：重庆大学出版社，2014.

[8]华亮，姜建宁. 机车车辆概论[M]. 北京：北京交通大学出版社，2010.

[9]李福胜. 机车牵引传动[M]. 郑州：郑州大学出版社，2006.

[10]李晓村，张中央. 机车新技术概论[M]. 成都：西南交通大学出版社，2006.

[11]尚玉冰. 尚玉冰技术管理文集[M]. 石家庄：河北人民出版社，2013.

[12]王海平. 中国集装箱运输发展[M]. 北京：人民交通出版社，2003.

[13]毛必显，张勇. 车钩缓冲装置的构造与检修[M]. 成都：西南交通大学出版社，2003.

[14]李学武. 电气化铁路牵引供变电技术[M]. 北京：化学工业出版社，2016.

[15]张云丽，雷定猷. 铁路通信与信号[M]. 长沙：中南大学出版社，2013.

[16]修罡，冯俊杰，李海荣. 铁路运输调度工作[M]. 成都：西南交通大学出版社，2015.

[17]杨浩. 铁路重载运输[M]. 北京：北京交通大学出版社，2017.

[18]孟学雷，王宏伟，贾利民. 铁路重载运输与安全管理[M]. 北京：科学出版社，2018.

[19]耿志修. 大秦铁路重载运输技术[M]. 北京：中国铁道出版社，2009.

[20]贾晋中，陆生，彭丽宇，等. 朔黄铁路重载综合检测车[M]. 北京：中国铁道出版社，2016.

[21]国际重载协会. 国际重载铁路最佳应用指南[M]. 北京：中国铁道出版社，2011.

[22] 王树民，徐会军，康淑云. 神奇的煤炭 [M]. 北京：煤炭工业出版社，2018.

[23] 米树华，张文建，沈国清. 多彩的发电 [M]. 北京：中国电力出版社，2019.

[24] 贾晋中，程建平. 重载铁路 75 kg/m 钢轨移动闪光焊焊接施工技术 [J]. 铁道建筑，2014（7）：143-146.

[25] 贾晋中，司道林. 朔黄铁路小半径曲线轨道钢轨打磨目标型面研究 [J]. 中国铁道科学，2014，35（4）：15-21.

[26] 丁茂廷，耿琳，凌贤长，等. 巴准重载铁路高路堤边坡稳定性分析 [J]. 防灾减灾工程学报，2014，34（3）：283-288.

[27] 李长生. 重载铁路路基低液限粉土的动力特性 [J]. 铁道建筑，2018，58（2）：76-80.

[28] 孟宪洪. 创新文化引领企业发展 [J]. 铁路技术创新，2013（02）：22-26.

[29] 孟宪洪. 朔黄铁路桥涵结构对开行大轴重重载货物列车适应性研究 [J]. 铁道建筑，2013（4）：9-12.

[30] 张斌. 重载铁路车地通信网络带宽资源分配方法研究 [J]. 中国铁路，2016（9）：77-81.

[31] 张格明. 轨道刚度合理值评价指标的研究 [J]. 中国铁道科学，2002（1）：53-59.

[32] 张格明. 中高速条件下车线桥动力分析模型与轨道不平顺影响 [J]. 中国铁道科学，2001（4）：139-141.

[33] 田长海，魏瑜，向泽伟，等. 大秦线 2 亿吨运输能力若干问题的探讨 [J]. 中国铁道科学，2004（1）：116-120.

[34] 王俊彪，张丘松，田长海，等. 既有线开行 27t 轴重货物列车对线路通过能力的影响 [J]. 中国铁道科学，2014，35（2）：91-97.

[35] 滕涛，田长海，马大炜. 货物列车紧急制动距离延长对通过能力的影响 [J]. 铁道学报，2008，30（6）：96-101.

[36] 王继军，尤瑞林，王梦，等. 单元板式无砟轨道结构轨道板温度翘曲变形研究 [J]. 中国铁道科学，2010，31（3）：9-14.

[37] 王继军. 无碴型预制混凝土纵梁新型轨道结构的研究 [J]. 铁道建筑，2004（11）：62-65.

[38] 高文会. 钢轨闪光焊接轨头焊缝缺陷分析 [J]. 中国铁路，2010（6）：61-63.

[39] 刘建新，蔡久凤. 改革开放 40 年中国重载铁路的发展 [J]. 长安大学学报（社会科学版），2018，20（6）：68-79.

[40] 穆鑫，杨春雷，李貌. 国外铁路重载运输对我国铁路货运发展的启示 [J]. 铁道经

济研究，2013（1）：31-35.

[41] 卓卉．国外重载铁路运输进展与我国重载铁路运输分析[J]．中国煤炭，2014，40（S1）：331-334，339.

[42] 倪旭澜，谢小海．世界主要大国重载铁路运输的发展及其作用[J]．国外机车车辆工艺，2014（4）：1-8.

[43] 胡亚东．我国铁路重载运输技术体系的现状与发展[J]．中国铁道科学，2015，36（2）：1-10.

[44] 万继志．我国重载铁路运输技术发展目标体系设计[J]．物流技术，2015，34（15）：68-70.

[45] 肖家博，丁荣军，尚敬．重载列车关键控制技术研究和展望[J]．机车电传动，2019（1）：1-8，29.

[46] 康熊，宣言．我国重载铁路技术发展趋势[J]．中国铁路，2013（6）：1-5.

[47] 丁永民，马志强，张军，等．大秦线3万t重载列车救援组织方案[J]．铁道货运，2015，33（11）：1-6，66.

[48] 夏胜利，杨浩，张进川，等．我国重载铁路发展模式研究[J]．铁道运输与经济，2011，33（9）：9-13.

[49] 郭志洪．铁路货车安全预警信息管理系统在大秦线的运用[J]．铁道机车车辆，2011，31（2）：63，67.

[50] 铁道第三勘察设计院．朔黄铁路扩能改造可行性报告[R]．铁道第三勘察设计院，2008.

[51] 钱立新．世界重载铁路运输技术的最新进展[J]．机车电传动，2010（1）：3-7.

[52] 田葆栓．世界铁路重载运输技术的运用与发展[J]．铁道车辆，2015，53（12）：5，10-19.

[53] 冯芬玲．铁路重载运输发展动因及组织策略研究[D]．长沙：中南大学，2009.

[54] 杨军民．我国铁路重载运输的发展[J]．发展，2011（1）：118-119.

[55] 宋宗莹，张红亮．重载铁路智慧车站架构与功能设计研究[J]．铁道运输与经济，2020，42（10）：74-78.

[56] 王瑛．共和国铁路史华章：大秦重载铁路[J]．档案春秋，2019（4）：10-14.

[57] 李平，曹鸿飞，谢鹏．新一代信息技术驱动下的智能重载铁路总体架构研究[J]．铁路计算机应用，2020，29（6）：25-29.